Et pourtant...
Ça roule !

Roro le Costaud
Avec la collaboration d'Anne Leblé

Et pourtant... Ça roule !

Photographies d'Astrid di Crollalanza

éditions du
ROCHER

Pour les photos des pages 76-77, 92-93, 104-105, 116-117, 128-129, 140-141

Les photos des pages 9, 15-17, 23, 28-29, 33, 49, 54
viennent de la collection personnelle de l'auteur.
Création du principe de maquette : Guillaume Captier.
Dessins : Raoul Scipioni-Guenancia.

Éditions du Rocher
28, rue Comte-Félix-Gastaldi – BP 521 – 98015 Monaco

editionsdurocher.fr

ISBN : 978-2-268-10665-6
EAN epub : 9782268107110

« Lettre pour nous »

Nos histoires sont toutes différentes et atypiques,
Mais se reconnaître dans nos parcours n'est pas illogique !
Laisse-moi donc te raconter cette histoire,
Celle d'un monsieur Tout-le-monde qui a voulu y croire !

Mais dis-moi comment ne pas s'effondrer,
Quand lorsque dans ta vie s'invite la fatalité…
Cette merde qui sans prévenir vient tout gâcher,
Tes plans tombent à l'eau, oui ces projets, il faudra les changer !
Ravale vite ta rage, ta tristesse et ton incompréhension,
Elles ne t'aideront pas
À surmonter cette situation…
Handicap ou autre, ne le rejette pas…
Pourquoi te voiler la face, il est bel et bien là.

Facile à dire, pas facile à faire ?
Ce sont des conneries, relève la tête et sois fier !
Tu as cette force au fond de toi prête à surgir !
Trouve la volonté de faire appel à elle, et laisse-la rugir !

Ils sont nombreux à croire
Qu'avec le handicap tu vas t'effondrer !
C'est parce qu'ils ignorent tout ce que ça peut t'apporter…
Ils pensent qu'avoir perdu
L'usage de mes jambes va m'attrister :
Ne vous inquiétez pas, j'ai toujours mon fauteuil roulant pour me déplacer !

Première partie

Romain

L'accident

Vendredi 13 janvier 2012, au petit matin. Ma garde de vingt-quatre heures s'achève. Elle a été calme. Au foyer de la caserne, ceux qui partent croisent ceux qui arrivent. Le lieu est aménagé dans le style montagnard. Ça sent bon le café. Les sapeurs-pompiers discutent, regroupés autour de l'imposant comptoir en bois. Certains sont professionnels comme moi, d'autres volontaires. Ces derniers exercent un métier différent à l'extérieur. Parmi eux, des ébénistes et charpentiers ont reconstitué, pour nous, dans cette pièce, l'ambiance chaleureuse des chalets. L'endroit respire la convivialité. Dehors, le ciel est d'un bleu pur. J'ai beaucoup de chance de travailler à Annemasse. La journée s'annonce tellement belle qu'avec deux collègues, nous avons décidé d'aller skier. La neige est tombée en abondance, les conditions sont idéales. Mon ami Dimitri et moi prévoyons de partir directement. Daniel, le troisième pote, nous rejoindra dans la matinée. Les copains de la garde montante nous interrogent :

– Vous allez skier où ?

– Aux Gets.

– Ah ! J'aime bien cette station !

– En plus c'est super, y'aura personne !

Le temps de repasser à la maison, prendre une douche et rassembler notre matériel, nous voilà sur la route. Il nous faut une quarantaine de minutes pour rejoindre Les Gets et ses larges pistes. L'avantage de vivre en Haute-Savoie, c'est la proximité avec des domaines skiables variés. On choisit notre destination au gré de nos envies. Lorsqu'on veut vraiment repousser nos limites, on opte pour le ski de fond, sur le plateau des Glières, ou encore le ski de randonnée, une discipline que j'apprécie particulièrement parce qu'il faut produire un effort physique pour mériter une superbe descente dans la poudreuse. Ah ! La sensation savoureuse de la première trace. Dimitri et moi avons commencé à nous entraîner sur les pistes (avant de se lancer il vaut mieux s'initier là où c'est damé). Je me souviens de ma première vraie expérience. Andy, un autre copain, nous propose une sortie nocturne. Il connaît parfaitement la montagne. Certes, on n'est pas encore experts, mais c'est une opportunité qu'on ne veut pas manquer. Deux lampadaires illuminent le parking désert de la boîte de nuit où nous garons la voiture. Il n'y a pas un bruit, juste le murmure de la montagne et du vent dans les arbres, le souffle étouffé de la neige qui tombe. Ça donne un côté encore plus irréel à notre équipée. On a l'impression d'être dans un film, l'ambiance est particulière, et la paix est indescriptible. On s'habille chaudement, on met les peaux de phoque et on part. On commence doucement à monter, en zigzag, sur les pistes éclairées par nos lampes frontales. On enlève les couches de vêtements au fur et à mesure que la difficulté augmente et que le rythme s'accélère. La pente est de plus en plus raide. Lorsqu'on arrive en haut, impossible de dire combien de temps notre

ascension a duré. Avec la nuit, on perd la notion du temps. On s'installe sur le télésiège immobile. On écoute le silence, on se prend en photo. On sort le reblochon et le saucisson. C'est un souvenir gravé à tout jamais. Mais il faut redescendre et aller se coucher. On retire les peaux de phoque, on bloque les skis sur les chaussures et on range notre matériel dans les sacs. Depuis notre arrivée, la chute de neige s'est intensifiée, les flocons tombent dru. On commence à redescendre, mais on ne voit rien ! Je me dis : « On est en train de faire n'importe quoi. À tout moment, on peut finir sur le côté, dans le ravin. » La vitesse colle une fine pellicule blanche sur les masques. Je ne reconnais rien sur les pistes pourtant familières des Brasses. Je suis incapable de m'orienter. Alors je fais une confiance aveugle à Andy et suis à la trace la lumière de sa frontale. On dévale rapidement avant d'arriver finalement en bas sans encombre. Je dis : « Quand même, c'était chaud les gars ! » Andy, pas affolé, répond : « Mais non, tranquille ! » Sauf qu'avec Dimitri, on sait bien qu'on vient de vivre un truc de *ouf* !
Ce 13 janvier, l'objectif est plutôt de passer une journée tranquille de glisse entre potes. Et ça semble bien parti. Pas un chat sur le parking. Nous sommes seuls au guichet pour l'achat des forfaits. Je me régale à l'avance. Je hume l'air frais, remue mes doigts dans les gants pour les réchauffer. Je suis attentif aux sensations. Le clac des fixations de chaussures. La caresse encore timide du soleil matinal. Le parfum discret du stick à lèvres. Le cliquetis caractéristique du matériel lorsque nous nous dirigeons vers les remontées mécaniques. Là, on se trouve nez à nez avec un autre de nos collègues, venu skier avec un de ses amis, paraplégique. Comment une personne handicapée fait-elle pour skier ? Je ne connais rien de l'équipement nécessaire ni des conditions dans lesquelles c'est possible. Je découvre, questionne, donne un coup de main. Arrivé au télésiège, j'observe. On les laisse passer, on regarde comment ils procèdent pour charger ce drôle de fauteuil avec un ski en dessous. Je suis admiratif. Je n'imaginais pas qu'on puisse être aussi autonome et skier seul en étant paralysé. À notre tour, nous avançons. En un clin d'œil, nous sommes sur la banquette, le garde-corps baissé.

En avant ! Pour ne pas manquer notre rendez-vous, nous choisissons de ne pas nous aventurer trop loin et restons dans un secteur restreint pour nos premières descentes. Vertige de la vitesse, crissement des skis sur une neige de qualité, soleil magnifique, le début de matinée se déroule idéalement. Quand Daniel signale son arrivée, la piste que nous empruntons pour le rejoindre est dégagée. J'effectue de grands virages. Tout à coup, j'entends mon prénom. Je lève la tête. Sur le télésiège, notre collègue et son pote paraplégique nous hèlent, joyeux. On leur fait signe et on continue. Voilà mon dernier souvenir. Dire bonjour à ce gars avec son handiski. Je sais que l'accident est survenu quelques minutes plus tard, très en aval. Mais le trou noir commence ici. J'ai pu reconstituer la chronologie des événements grâce au récit que m'en a fait Dimitri, bien longtemps après. Il raconte avoir lancé : « Oh ! Attention ! » En réalité, c'est un cri d'impuissance, à quelques millisecondes de la collision. À un croisement, un skieur vient de s'insérer sur la piste. Ni lui ni moi n'avons le temps de nous rendre compte de la présence de l'autre. Le télescopage est inévitable. Mes skis se coincent sous lui, je suis projeté, mon corps entame un salto. Un salto incomplet. J'atterris sur la tête. Dimitri est très vite près de moi. J'ai une grosse plaie au niveau du crâne. Je suis donc allongé sur la neige, conscient. Comme on dit dans notre jargon, je n'exprime pas spécialement de plainte. Dimitri me demande si je peux bouger. Je réponds par l'affirmative. Je ne réalise pas que je ne suis capable d'aucun mouvement. Il comprend instantanément que c'est sérieux. Les pisteurs arrivent, font les premiers gestes. Immobilisation, demande d'évacuation héliportée. Daniel, au pied des pistes, a essayé sans succès de nous téléphoner. Ses craintes se confirment au fur et à mesure que l'agitation grandit. Les sauveteurs appelés, l'hélicoptère… Le lien entre notre retard et la mise en branle des secours ne fait plus aucun doute. Un de ses amis est blessé. Pendant ce temps, j'ai un des rares flashes de l'accident : j'entends les patins du brancard glisser dans l'hélico. Les membres de l'équipe médicale décident de m'endormir pour le transport, afin de faciliter leurs gestes. Je suis d'abord évacué à Sallanches où les premiers examens confirment une fracture. C5 jusqu'à C7. Hématome. Atteinte médullaire. La moelle épinière est lésée entre C6 et C7. On me transfère à Annecy, puis à Grenoble où se trouvent les meilleurs spécialistes. Le pronostic vital est engagé. Encore un flash. Un couloir d'hôpital. Je vois le plafond. J'entends des voix. Opération en urgence pour fixer la colonne. Arthrodèse vertébrale. Le but est de poser une plaque qui consolide les cervicales fracturées. Intubation, ventilation. Encore un flash, un couloir, Dimitri et Daniel. Ma compagne, enceinte de deux mois et demi. Impression d'être en transit.

Quand j'ouvre les yeux, je ne sais pas quel jour on est. Je ne sais pas ce que je fais là. Sensation désagréable. Je ne parviens pas à respirer. Je n'ai pas de force dans les bras. Je dois fournir un effort incroyable pour attraper ce tuyau qui me gêne et l'arracher. Des bips stridents retentissent et le personnel soignant, nombreux, s'agglutine autour de moi. Je sombre à nouveau très vite dans l'inconscience.
Je suis en réanimation. Là où la notion du temps est floue, morcelée, changeante. Un paravent à côté de moi me protège mal d'une effervescence incroyable. J'entends la mort autour. Difficile d'évaluer la durée de ma présence ici… Une semaine ? J'ai l'impression que mon esprit me dit : « Tu peux te réveiller. » Le silence ouaté du sommeil est pourtant un doux refuge. Je dois essayer. J'ouvre les yeux, demande : « Je suis où ? » Une infirmière me répond : « Vous êtes à l'hôpital, vous avez été grièvement blessé dans un accident. » J'acquiesce. Me rendors.

Deux heures trente de route séparent mes collègues et ma compagne de mon lit d'hôpital. Ils se relaient néanmoins quotidiennement à mon chevet. Ma famille est loin et ne peut se déplacer. Je suis trop fatigué pour être éveillé longtemps. Dans ces moments de lucidité, je prends conscience de la gravité de mon état. Je suis dans mon corps, c'est indéniable, mais je ne sens plus grand-chose. Mes pieds, mes jambes, mon ventre sont là. Même avec la meilleure volonté, je ne parviens pas à effectuer un seul mouvement. Mes tentatives pour lever les bras n'ont que

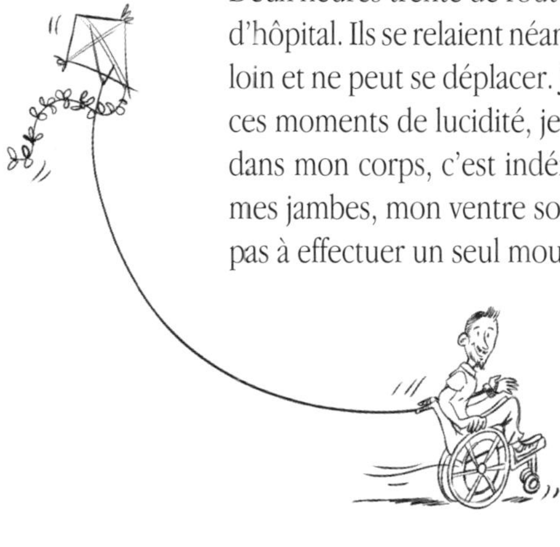

peu d'effet. Mes mains sont figées. Hospitalisé dans le service du professeur Gay, où a été soigné Michael Schumacher, je vois le chirurgien qui m'a opéré. Il se dresse au pied de mon lit. Son annonce est clinique, précise. Il ne fait pas dans le sentiment. Il explique puis nuance, prudemment. L'hématome est encore important, on ne peut pas voir complètement la lésion. Il est trop tôt pour se prononcer de manière définitive. Ensuite, il énumère les dégâts physiques, nombreux, invalidants. Il va falloir être patient. Le praticien fait son travail. Il est honnête ; l'émotionnel, ce n'est pas son truc. J'aurais pu éprouver une certaine rancœur devant un inventaire aussi froid. Je suis sans doute un peu sonné, mais je ne garde pas un souvenir désagréable de son intervention. Je ne tombe pas des nues. Il ne fait que confirmer ce que j'ai déjà saisi. Après son passage, je prends le temps de la réflexion. J'ai le choix. Soit je me laisse abattre et je déprime, soit je me bouge, au sens figuré. M'apitoyer sur mon sort ne risque pas de me remettre sur pied. Je compare ce qu'a dit le médecin avec l'état des lieux que j'ai établi. Je vérifie grossièrement les mouvements à ma portée : « OK ! Ça, je peux plus le faire, ça non plus… » Ça peut prêter à rire de la part de quelqu'un cloué sur un lit, mais je décide alors d'aller de l'avant. J'ai envie de m'engouffrer dans tout ce qu'on me proposera pour retrouver ma mobilité. Tout ça se passe au fond de moi, pensées qui galopent dans un corps qui refuse de bouger. Un credo se dessine doucement : améliorer ma condition physique coûte que coûte. Pour l'instant, il faut bien le reconnaître, je suis plutôt en mode « légume ». Parmi les gens qui viennent me voir, certains semblent abattus devant ce Romain allongé, relié à des tuyaux. En me rendant visite, la femme d'un de mes copains ne peut retenir ses larmes. J'articule à son intention : « Pleure pas, je suis en vie ! » Une nouvelle existence a commencé.

Romain d'avant

Enfant, j'aime bouger. Le bord du lac de Ballan Miré, où on habite, est un terrain de jeux incroyable avec des espaces de promenade, de nombreux aménagements de sport et de loisir dont nous profitons pleinement. Dans le jardin, un bac à sable où je joue des heures avec ma sœur Audrey, de quatre ans ma cadette. Je possède aussi un petit kart que je pilote fièrement dans la rue.
La séparation de mes parents entraîne le déménagement dans un appartement du quartier Velpeau où je vais déjà à l'école. Mon grand-père maternel, éducateur spécialisé à la retraite et magicien, n'habite pas loin. Veuf depuis peu il s'occupe de nous à la sortie de l'école. Depuis tout petit, un peu touche à tout je pratique le judo, le foot, la boxe. J'ai besoin de beaucoup d'activités. Grâce à un de mes cousins, je découvre le hockey sur glace. La première année, à l'école de

patinage, j'acquiers de l'assurance sur les patins et je me familiarise avec la crosse et le palet. J'adore ça. Je me distingue au match de fin d'année organisé pour montrer aux parents les progrès réalisés. À plusieurs reprises, je récupère le palet dans ma zone de défense avant de remonter toute la patinoire et de marquer. Grisant. L'entraîneur m'a déjà repéré et j'intègre l'équipe l'année suivante. C'est un sport qui coûte cher et mes parents font beaucoup de sacrifices pour moi. Assez rapidement, j'enchaîne deux entraînements hebdomadaires et les matches le week-end. Je pratique d'autres sports en parallèle, mais aucun ne me procure autant de plaisir que le hockey. Lors des déplacements, je découvre l'ambiance particulière des voyages en bus avec les copains et les entraîneurs. C'est la magie du sport collectif. Naturellement, lorsque arrive le collège, je choisis une orientation en sport-étude, à Tours : après les cours du matin, on fonce à la patinoire à midi, on se change le plus vite possible et on déjeune sur le pouce après l'entraînement avant de retourner en cours. En fin de journée, on part en club. J'ai onze ans.

Ça ne me suffit pas. Peut-être ai-je rêvé, comme tous les petits garçons, de devenir pompier. Je ne pourrais pas expliquer ce qui me passe par la tête quand je demande à ma mère de se renseigner à la caserne de Tours. J'ai l'âge pour postuler en tant que « jeune sapeur-pompier ». Dans ma lettre de motivation, j'indique être mordu d'exercice physique et animé par le désir d'aider les autres. Après les tests sportifs pendant lesquels je me donne à fond – je suis comme ça, je n'aime pas échouer – je suis reçu pour un entretien. Là, on vérifie que j'ai mesuré l'investissement que demande cet engagement.

– C'est un choix de vie.

– Je comprends. Je suis prêt à faire des sacrifices.

Les recrues des jeunes sapeurs-pompiers sont séparées en deux équipes. L'une pratique uniquement la gymnastique, l'autre se familiarise avec la profession. Les candidats étant moins nombreux, il est plus facile d'intégrer la première, à laquelle je postule en sachant que pendant un an, je n'apprendrai pas les ficelles du métier. Ma candidature est retenue. Je suis très motivé. Pendant la semaine, je parviens à cumuler les activités. Le week-end, il m'arrive de faire un cross le matin et un match de hockey l'après-midi. Il faut parfois faire des choix. Je comptabilise vingt-quatre heures de sport par semaine. Que du plaisir. Ma demande pour basculer chez les jeunes sapeurs en deuxième année est acceptée après de nouveaux entretiens. Nous sommes deux à obtenir le sésame. On a alors le droit de porter la tenue, on dispose du matériel pompier : les choses sérieuses commencent. Jusqu'à la fin du collège, j'évolue sur plusieurs fronts. Toujours très bon en sport, notamment à la course à pied, je suis également sélectionné pour le concours de manœuvres des jeunes sapeurs-pompiers au niveau national, épreuves de mise en situation permettant d'évaluer la rapidité (dérouler des tuyaux, raccorder une lance à incendie) et la technicité (secourisme). Dans le même temps, notre équipe de hockey a un bon niveau.

Au moment de m'orienter au lycée, je choisis pourtant d'abandonner sport-étude. Compte tenu de mon gabarit, j'ai peu de chances de devenir un sportif de haut niveau en hockey sur glace. Il faudrait en plus, pour poursuivre dans cette voie, partir à Anglet, loin de ma famille et des pompiers. Or, les deux premières années, j'ai terminé major de promo au sein de ma section. Une gratification qui montre mon potentiel et m'aide dans mes choix. Pas question de renoncer aux pompiers. Je ne me poserai plus la question du métier que je veux exercer plus tard. C'est une évidence. Pour éviter une chute vertigineuse du temps de sport hebdomadaire, j'intègre une seconde avec option EAPS (éducation artistique physique et sportive). En plus d'une pratique sportive quotidienne, nous façonnons pendant trois ans un spectacle de cirque qui compte pour le bac. Il y a une représentation commune avec des pyramides et du jonglage. Ensuite, chacun a sa spécialité. Moi, c'est le rouleau. C'est marrant, à l'époque, déjà, je suis sur des roulettes ! J'obtiens le bac S en 2003 ainsi que le brevet de cadet qui permet d'entrer chez les pompiers volontaires, même mineur. En attendant d'avoir dix-huit ans et de passer le concours de pompier professionnel, je choisis une licence « hygiène sécurité environnement » à l'IUT de Bordeaux qui donne potentiellement accès au concours de lieutenant de sapeurs-pompiers. Je me rends vite compte que cela ne me plaît pas. Physique, chimie : je ne comprends pas l'intérêt de ce que je suis en train d'apprendre. Tous les week-ends, je rentre à Tours pour pouvoir prendre des gardes de pompier volontaire. Dans le même temps, un concours national s'est ouvert. Disposant de plus de quatre années d'expérience en tant que sapeur-pompier, j'ai la possibilité de le passer en interne. L'examen est constitué d'épreuves sportives, écrites et orales. Sept mille candidats pour cinq cents places. Je fais un aller-retour à Lyon pour la première épreuve, un cinquante mètres à la piscine. J'arrive la veille au soir à l'hôtel. Le lendemain, je nage et je rentre chez moi à Tours. Pour l'épreuve suivante, je choisis de voyager de nuit, pour économiser les frais d'hôtel. Mon train est à minuit, je décide de faire un petit somme avant le départ. Tout à coup, ma mère entre dans ma chambre :

– Romain, Romain, réveille-toi, tu vas rater ton train !
Branle-bas de combat jusqu'à la gare. Comme dans les films, j'arrive sur le quai pour voir, impuissant, mon train s'éloigner. Je suis seul avec mon sac à dos et je hurle. Je m'en veux, j'en veux à la terre entière et je finis par pleurer sur le quai de la gare. Je suis tout seul. La nuit est noire. Arrive un contrôleur. Je lui raconte mon histoire et, désespéré, lui demande quelle solution je peux trouver. Il n'y en a pas. La seule possibilité qui s'offre à moi est de monter dans un train pour Paris, de changer de gare et d'en attraper un autre pour Lyon. Mais le prochain départ est trop tardif pour que je puisse arriver à l'heure. Je ne veux pas rentrer chez moi, abandonner maintenant. Je longe le quai jusqu'au bout, descends sur les voies et me dirige, un peu plus loin, vers un homme qui semble être le conducteur d'un train de marchandises. Je lui explique ma situation. Il prend pitié et me dit : « Viens avec moi, on va essayer de te rapprocher de Paris. » Je suppose que ce n'est pas vraiment autorisé mais cette entorse au règlement se fait dans un élan de générosité. Je monte avec lui dans la cabine. Il me propose de dormir un peu. Je m'allonge par terre, mais le stress m'empêche de sombrer. À Orléans, terminus. Mon sauveur me suggère de m'adresser à un autre conducteur pour rejoindre Paris. Je recommence ma quête et la chance est avec moi. Un autre cheminot bienveillant décide de m'emmener. Les trains de marchandises n'entrant pas dans la capitale, il me dépose en banlieue, c'est le mieux qu'il puisse faire. Tout ce qui me rapproche de mon but est bon à prendre. Au terme d'un deuxième voyage, me voilà le long des rails, à marcher jusqu'à une gare de périphérie dont j'ai oublié le nom. Je réussis à attraper un train pour Montparnasse. Il est 4 h 30 du matin. Je suis perdu, confus, je ne sais plus où aller. J'aborde un employé de la SNCF :
– Je dois être à Villeurbanne à 8 h 30.
– Les trains ne partent pas de là, vous devez aller gare de Lyon.
Je repars avec mon sac à dos… Gare de Lyon. Ma destination est à deux heures de TGV. Je prends un billet et saute dans le premier train. Il est 6 heures du

matin. L'espoir renaît pour la première fois depuis le début de ma course folle. Une sorte de soulagement m'envahit. Ce n'est pas encore gagné, mais ce n'est plus irréalisable. Un pas après l'autre. En revanche, je suis épuisé. Ce n'est pas le moment de se relâcher. Je somnole un peu pendant le trajet qui ne subit aucun contretemps. À la gare, je me jette sans réfléchir dans le premier taxi. Je ne sais pas combien ça va me coûter, mais je ne me pose pas la question. Pour rejoindre Villeurbanne, il faut facilement quarante minutes à ce moment de la journée. Je réalise avec effroi que je ne serai pas à l'heure. Il faut le tenter quand même, je ne vais pas abandonner si près du but. Le chauffeur me dépose à l'entrée du grand complexe où je suis convoqué. Tout le monde est dehors pour l'appel. Je cours, me glisse dans la foule des candidats et j'écoute. Ils en sont à la lettre F, mon nom n'a pas encore été appelé. Je suis sauvé.

Je peux donc faire les tests sportifs avant de rentrer de façon plus sereine avec des amis, en voiture. Ayant réussi cette première étape, je passe l'épreuve écrite. Nous ne sommes plus que mille cinq cents candidats, installés à Eurexpo dans des salles immenses. Là encore je franchis l'obstacle et me qualifie pour l'oral, deux mois plus tard… J'ai une chance sur deux d'être sélectionné au terme de l'examen. Je dispose de cinq minutes pour me présenter puis, pendant quinze minutes, je réponds à une série de questions de culture générale et à d'autres sur les pompiers. Je sors confiant : verdict dans le courant de l'été. J'obtiens mes examens à l'IUT malgré mon peu d'enthousiasme et, comme beaucoup d'étudiants, je travaille pendant les vacances. Le jour J, celui de l'annonce des résultats, je n'arrête pas de faire des aller-retour entre le chantier et le mobile-home de l'entreprise de béton dont mon beau-père est le gérant. Il vérifie aussi régulièrement. À midi, il m'appelle : « Romain, les résultats sont tombés. » J'accours ! Devant le minitel, je ne parviens pas à taper mon nom, tellement j'ai peur. J'ai l'impression que mon existence se joue à cet instant. Je n'ai jamais rien attendu de plus fort. Jusqu'à présent, je n'ai pas connu l'échec, je redoute que ce soit le premier… Je fais dérouler la liste en commençant par les A. Je descends :

B, C, D… G. Mon nom, mon prénom. Je hurle, je pleure, je saute de joie dans les bras de mon beau-père. J'appelle ma mère ! C'est le plus bel été de ma vie.
Avoir le concours ne permet pas d'obtenir un poste. À moi d'adresser des demandes dans tous les départements de France afin d'en trouver un qui accepte de m'embaucher et de financer ma formation de pompier. Immédiatement, j'envoie des lettres dans un grand nombre d'endroits. Quand je reçois des réponses, elles sont négatives. En Indre-et-Loire, la date de dépôt des candidatures était antérieure aux résultats du concours. Le délai est dépassé mais je tente ma chance quand même. On me propose rapidement un entretien.
À l'époque, je suis moniteur de jeunes sapeurs-pompiers. Ça me paraît normal de rendre ce qu'on m'a offert. J'ai bénéficié d'une formation, à moi maintenant d'encadrer les jeunes et de leur apprendre. Cette année-là, nos jeunes recrues se sont qualifiées pour le championnat de France de manœuvres à Rodez et je dois les accompagner. L'entretien ayant lieu le premier jour de la compétition, je diffère mon départ et rejoins le groupe avec un camion chargé de matériel. Mon meilleur ami est avec moi, nous avons postulé ensemble. Pendant le trajet, je ne me sens pas bien, le stress peut-être. À la descente du camion, je fais un malaise. Un médecin pompier sur place m'examine et m'hospitalise. Une angine bactérienne est diagnostiquée ; je retourne avec les jeunes sapeurs une fois le traitement prescrit. Mais les choses ne se déroulent pas comme prévu. Une réaction allergique me ramène à l'hôpital. Je ne suis vraiment pas bien, à l'autre bout de la France, tout seul, loin des gamins que j'ai entraînés, dans l'incertitude sur mon avenir car, encore une fois, il faut attendre longtemps, plusieurs semaines, pour savoir si mon entretien a été un succès. L'adjudant-chef Bertaud, responsable de tous les jeunes sapeurs-pompiers d'Indre-et-Loire, sent que je suis au fond du trou. Avec d'autres collègues, il me rend visite. Pour me soutenir et me réconforter, il me glisse avec assurance que la décision est prise et que ma candidature est retenue… Ça y est ! Mon rêve de gamin se réalise… Je suis au plus bas, mais c'est un moment gravé à jamais. Été 2004. En septembre, une autre

vie démarre, je ne pars pas en deuxième année à la fac de Bordeaux. Je me rends compte de la chance que j'ai. Beaucoup de personnes reçues au concours n'ont toujours pas de poste. Quant à moi, je suis le plus jeune pompier professionnel du département.

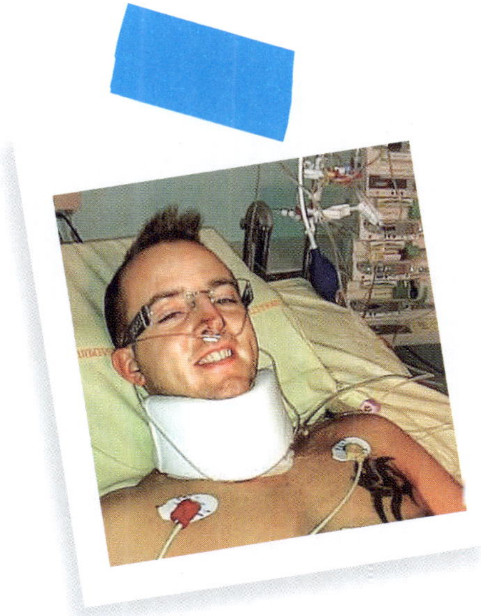

Réanimation

Retour à mon lit d'hôpital, en janvier 2012. Après la période de soins intensifs où les patients sont dans une même pièce, où le bruit et l'agitation sont permanents, l'intimité réduite à peau de chagrin, on m'annonce mon transfert en chambre individuelle, toujours en réanimation. Une première victoire, un soulagement même. Je suis seul dans la pièce, même si un mur vitré permet aux infirmières de me surveiller en permanence. C'est une vraie amélioration. Ça fait du bien de quitter le brouhaha continuel après une semaine qui pourtant, dans mon souvenir, n'a duré qu'un jour ou deux. Ma notion du temps a volé en éclats. La fatigue écrasante me jette dans de longues phases de sommeil. Je suis complètement perdu, ne sais pas si on est le jour ou la nuit. Quand je m'assoupis pendant deux ou trois heures à 18 heures, à minuit, je n'ai plus du tout envie de dormir. Dans la chambre, heureusement, il y a une télévision ! Ça peut paraître trivial, mais le petit écran est la seule distraction qui s'offre à moi et jusque-là, durant les périodes d'éveil, j'ai compté les carreaux au plafond et écouté ce qui se passait autour. Cette chambre est importante car c'est le lieu des premières fois.

Première rencontre avec le kiné

La priorité est la rééducation respiratoire. Le diaphragme étant atteint dans sa motricité, il ne remplit plus sa fonction correctement et mes capacités pulmonaires sont réduites de moitié. Je dois apprendre à compenser. On essaye de solliciter des muscles disponibles à travers différents exercices, comme celui où je souffle le plus fort possible dans un petit appareil pour soulever une balle de ping-pong. Par ailleurs, je n'ai pas la puissance nécessaire pour parvenir à me moucher. Le moindre signe d'un rhume, et c'est la panique ! Tu sens que les voies aériennes se bouchent et tu ne peux pas les dégager. Il est impossible d'expectorer. Une ou deux fois, en pleine nuit, la sensation d'étouffer et la peur de mourir m'obligent à appeler les infirmières en urgence. Elles viennent alors faire des manœuvres, appuient sur la cage thoracique pour m'aider. Au début, donc, je fais principalement de la kiné respiratoire. Mon praticien, un homme entre quarante et cinquante ans, me guide également pour commencer à renforcer la mobilité dans les bras. Il sent immédiatement que je vais avoir besoin de bouger. Ça me fait du bien que quelqu'un comprenne mon manque de sport. Il va tout mettre en œuvre pour m'aider dans la rééducation. Il est le point de départ, le premier qui m'explique qu'on va essayer de s'asseoir. Au début, il s'agit de simples tentatives pour se relever doucement. Juste remonter le buste, c'est compliqué. Je tombe dans les pommes ou demande qu'on me rallonge car je me sens partir. Au fur et à mesure, je parviens à maîtriser les malaises et je suis attentif à mes sensations : vue qui se trouble, petites étoiles, il faut s'arrêter… Je perçois mes

limites. C'est la première étape pour apprendre à les repousser. Les massages prennent une grande place aussi dans le travail. Les étirements stimulent le flux sanguin, détendent les jambes et évitent la rétractation musculaire.

Première douche

Depuis mon arrivée, il y a dix ou quinze jours, on me lave au gant. Je me sens sale. Mes cheveux, dont une partie a été rasée pour recoudre le crâne, sont poisseux. Le corps médical semble penser que je suis prêt pour une expédition. On m'installe dans un brancard spécial, barrières relevées. On m'emmène dans la salle de douche. Plusieurs personnes s'affairent autour de moi. Entendre l'eau qui coule du pommeau est génial. Le picotement, la chaleur du liquide, je ne les reconnais qu'à très peu d'endroits. Sur le cou, la tête, les épaules, une partie des bras, les sensations sont exacerbées ; j'ai envie qu'on insiste à ces endroits-là. C'est une expérience sensorielle inédite, un nouveau schéma corporel à intégrer. Même si je ne sens pas une grande partie de mon corps, je sais que ça lui fait du bien. Je m'accroche au plaisir que ça me procure. Il est un peu trop tôt pour que je mesure la différence entre sentir et ressentir. Ma perception est altérée ; quand on me touche, je ne sens pas, pourtant, je ressens quelque chose, bien-être ou douleur. Il est difficile d'expliquer cette sorte de tambouille interne, pour laquelle les mots n'existent pas. Avec le temps, une sorte de reprogrammation mentale se fait naturellement, on apprend à dissocier chaque zone… Mais au départ, c'est flou, je ne fais pas la différence.

Premiers repas

En réanimation dans la salle commune, je n'ai aucun souvenir d'avoir mangé… Tout commence ici. Des aides-soignantes me nourrissent, je ne suis pas capable de le faire seul. Au début, les saveurs on ne peut plus médiocres de la restauration d'hôpital ne diminuent pas mon enthousiasme. Je suis tellement content de manger ! Le personnel est adorable, prend l'entière mesure de la situation infantilisante dans laquelle je me trouve et fait tout pour rendre ce moment moins pénible. Mais mon euphorie retombe vite. Être nourri sabote le plaisir. Je pratique déjà l'humour noir sur mon lit d'hôpital, un mode de communication qui dédramatise aussi les relations avec les soignantes (la plupart sont des femmes). Un soir, elles ont commandé des pizzas pour améliorer l'ordinaire (elles ont le même régime que moi, peu appétissant). Quant à moi, cloué sur mon lit, je n'ai pas d'argent de poche, pas de fenêtre de tir pour m'offrir un extra. C'est alors qu'une aide-soignante de mon âge, avec laquelle j'ai sympathisé, m'invite à partager. Si on m'avait dit un jour que manger une pizza me ferait pleurer ! Ce surplus d'attention n'a pas nécessité beaucoup d'efforts, mais il change tout. Et l'émotion est grande. Une jolie première fois. Il faut le reconnaître, j'ai beaucoup de mal à accepter qu'on me donne à manger. Ça fait mal, ce sentiment d'être redevenu un bébé. En majorité, les personnes le font avec le cœur, sans aller ni trop vite, ni trop lentement. Parfois, c'est plus délicat. La sensation d'être un poids, de faire perdre du temps à quelqu'un qui par ailleurs a d'autres soins à prodiguer me coupe l'appétit. Alors je dis : « Stop, je n'ai plus faim. » L'arrêt de l'activité physique couplé aux aléas de l'alimentation font qu'un mois après l'accident, j'ai perdu douze kilos.

Premières larmes

En permanence, on vient vider ma poche d'urine. Quand on pense paralysie, on n'imagine pas forcément tous les désagréments. La lésion entraînant une incapacité à gérer les sphincters, j'ai une sonde urinaire. Mesure des urines, surveillance accrue pour vérifier l'absence d'une infection qui pourrait être

dangereuse, ça rythme les jours et les nuits. Température, tension, tout est sous contrôle continu. En journée, c'est un passage agréable. La nuit, c'est une autre affaire. De même, on ne me laisse pas à plat dos. Toutes les deux heures, on vient me tourner. Une fois à gauche, sur le dos, à droite, un coussin sous les fesses pour éviter les escarres. Une nuit calme ? Ça n'existe pas. C'est pour ça que je dors encore beaucoup la journée. On vient aussi me changer. Je ne sais pas quand j'ai des selles, je ne m'en rends pas compte. C'est très compliqué à vivre. Se faire dessus, c'est retourner à un état de bébé. J'ai vingt-six ans, je ne comprends pas ce qui se passe à l'intérieur de moi, je suis incapable de maîtriser. Il arrive qu'on vienne me changer et cinq minutes après, je dois rappeler parce que j'ai perçu l'odeur caractéristique. Quand on m'a dit que mes jambes ne fonctionnaient plus, je n'ai pas pensé à tout le reste. Je découvre petit à petit l'étendue des dégâts. Nourrisson. C'est une des choses les plus difficiles à gérer dans le handicap. Je pleure souvent à ce moment-là. Je n'aime pas réclamer, déranger. Les infirmières et aides-soignantes font ça avec la plus grande douceur, mais j'ai énormément de mal à supporter. Le « pipi caca », c'est un sujet tabou. Accepter prend du temps, ça viendra par la suite. Je suis pour l'instant livré à moi-même. On m'explique qu'on va réhabituer le corps, mais c'est trop lointain. Il faut d'abord stabiliser mon état. Je reçois la visite quotidienne des médecins. Ils récupèrent les infos collectées par les infirmières. Je ne suis pas pudique, ça tombe bien car à l'hôpital, la pudeur, il vaut mieux la mettre au placard. Je pense que mon sexe a été vu autant de fois que celui du Manneken-Pis. Je me plie de bonne grâce à tout. C'est pour mon bien. Moi qui détestais les piqûres, j'ai des prises de sang tous les jours. Une grande partie des soins est concentrée le matin. L'après-midi est plus propice aux visites.

Premiers élans de solidarité

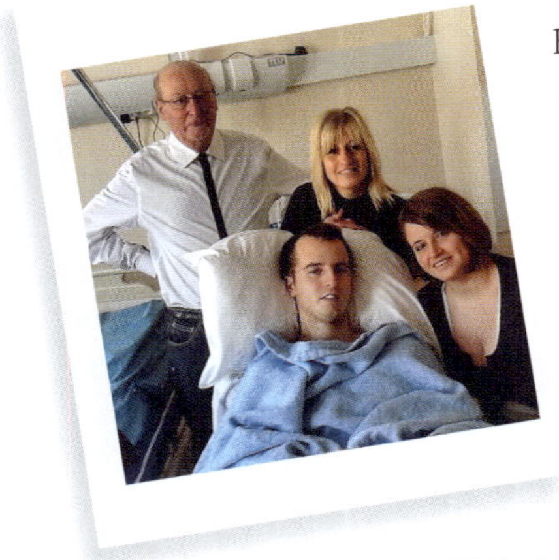

Beaucoup de monde veut venir me voir, notamment mes amis de Haute-Savoie. Ma famille commence à s'organiser pour faire la route. Voir ma mère, mon grand-père et ma sœur Audrey me fait chaud au cœur. Mes proches, ce sont aussi Julien, Mickaël, Cyril, Cédric et Jean-Pierre. Cousins par alliance et amis, nous passons nos week-ends ensemble et faisons la fête jusqu'au bout de la nuit. Ils ont un geste inoubliable. Ils se regroupent pour m'offrir un iPad. Avec mes doigts, je n'ai pas beaucoup de préhension, ils le savent. Une tablette sera plus facile à manipuler qu'un téléphone. Cadeau extraordinaire pour moi et mes petits moyens, cet outil va me permettre de communiquer directement avec l'extérieur. Je suis touché aussi par la visite de pompiers qui me connaissent à peine et parmi eux un capitaine, Matthieu Jardry, adjoint à la caserne d'Annemasse. « On va s'occuper de toi, me dit-il. On est en train de monter une association et on va récolter des fonds pour que tu ne manques de rien. » Je le connais à peine, je l'ai croisé dans les couloirs de la caserne. Je suis bouleversé par tant de bienveillance. Il crée l'association et un site internet sur lequel un planning est mis en place pour répartir les demandes et équilibrer les visites. Cette idée va surtout servir pendant la rééducation, pour éviter que je sois seul certains jours et surchargé d'autres. Nommée « Contre appel 74 », l'association défend l'idée suivante : « D'habitude, c'est vous qui avez besoin de nous, les pompiers. Aujourd'hui, c'est à notre tour d'avoir besoin de vous ! »

Première échographie

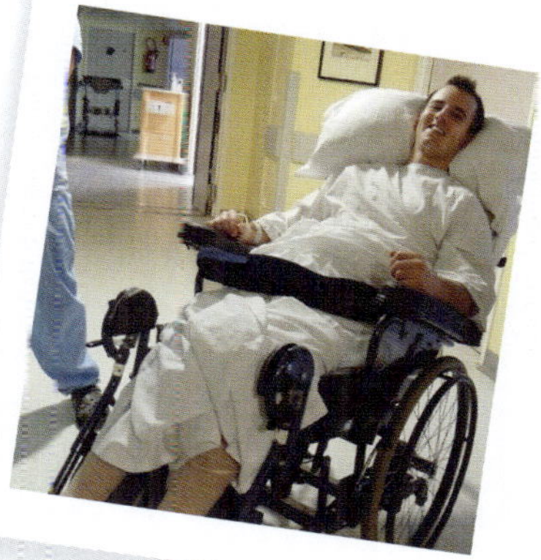

Ma compagne, enceinte, est très entourée par sa famille savoyarde et la communauté des pompiers s'organise afin de ne jamais la laisser faire le trajet seule jusqu'à Grenoble. En fin de journée, elle prend généralement le relais (et les couverts, le repas du soir étant servi à 18 heures) à un horaire où les visites sont normalement terminées. Cela nous permet de passer un moment plus personnel. Ensuite commencent les longues soirées. Je ne suis pas encore capable de me tenir pour lire ; la télé, je l'ai souligné, est mon amie. Mon état se stabilise néanmoins. On commence à me parler de centre de rééducation et je n'ai qu'une hâte : partir ! L'hôpital effectue des demandes dans plusieurs centres. Il est hors de question pour moi d'être trop éloigné. Entre Grenoble et Argonay, près de chez moi, le choix est très vite fait. La place en Haute-Savoie est réservée pour le 7 février. Entre-temps, décision est prise de me rapatrier en réanimation à Annecy. J'ai toujours en tête la première échographie de la grossesse, prévue la première semaine de février. Je me suis fait une mission de pouvoir y assister. Très stressé lors de mon transfert à Annecy, je fais comprendre dès mon arrivée l'importance de cette échéance. Je n'ai que quelques jours pour parvenir à me hisser dans un fauteuil. J'aurais du mal à encaisser un échec. L'équipe médicale commence à réfléchir. L'échographie a lieu dans l'établissement, au même étage. Malheureusement, faire entrer le brancard dans la salle où se déroule l'examen est impossible. Une course contre la montre commence et toute l'équipe se mobilise. Les premières tentatives pour me transférer dans ce fauteuil où je reste pourtant presque allongé ne sont pas probantes. Je me sens mal, systématiquement. J'occulte le reste, fixé sur mon obsession d'être aux côtés de ma compagne pour ce rendez-vous si important dans notre vie de futurs parents. L'échéance arrive, je n'ai toujours pas réussi à rester dans le fauteuil sans tourner de l'œil. Le jour J, avec ma superbe robe de chambre et ma poche à pipi le long de la jambe, je tiens le coup, porté par l'adrénaline. On m'installe, les bras posés sur des accoudoirs, les jambes surélevées, des oreillers de chaque côté de la tête pour me maintenir. Me voilà dans le couloir. Ma compagne est là. J'ai le sourire. Ce n'est pas le premier depuis l'accident, mais c'est l'un des plus marquants. En salle d'échographie, tout se passe bien. J'oublie tout. Il n'y a plus de fauteuil, plus de handicap. Rien d'autre que l'image sur l'écran de mon futur enfant dans le ventre de sa mère. Le cœur qui bat, le mouvement, la vie est là… Je pleure. C'est beau. J'essaye aussi d'être d'aplomb, de reprendre mon rôle de conjoint, d'être là pour rassurer, accompagner. Cela fait trois semaines que tout tourne autour de moi. Ce doit être son moment à elle, un moment à nous, indépendamment de ce qui m'est arrivé. Elle s'apprête à donner la vie à un être vulnérable et dépendant. Elle se retrouve avec un compagnon vulnérable et dépendant. Là, le Romain fragile s'efface pour dire : « Je suis là. » Bien sûr, depuis mon accident, nous avons eu le temps de discuter de ma dépendance. Nous sommes sur la même longueur d'ondes. Elle m'assure de son amour et de sa présence à mes côtés. Je la sais forte et capable d'assumer cette grossesse différemment de ce qui avait été planifié, ce qui va me permettre de me concentrer sur ma rééducation. On va s'adapter ensemble à cette nouvelle donne. Je me sens aimé et ai envie d'aimer. Je culpabilise pourtant à l'idée qu'elle doive s'occuper de moi en permanence en parallèle de sa grossesse. En même temps que l'enfant grandit dans son ventre, une autre gestation m'attend pour regagner mon autonomie.

Premiers pas en centre de rééducation…

Dans la foulée, je pars pour Argonay. Arriver en rééducation, pour moi, c'est comme fêter Noël. J'ai des étoiles dans les yeux, je suis impatient. C'est le point de départ : passer du Romain allongé au Romain assis. Mon but : assister à l'accouchement en fauteuil. Pouvoir rentrer à la maison le plus vite possible, assumer mon rôle de père, travailler, retrouver une vie active et autonome. Bref, redevenir vivant. Il reste à peine sept mois avant l'accouchement, c'est presque impossible, mais je m'en fous. C'est une source de motivation incroyable dans laquelle je vais puiser sans limite.

L'ambulance me transporte à Argonay. Le centre, perché sur les hauteurs d'Annecy, offre une vue magnifique sur les montagnes. Ma chambre, individuelle, est la dernière au bout d'un couloir. Elle est plus grande qu'en réanimation, dispose de meubles suffisants et, surtout, possède une grande salle de bains. Une douche pour moi tout seul ! À peine installé, je vois défiler toutes les personnes qui vont m'accompagner pendant la rééducation. Émilie, l'ergothérapeute, est la première à se présenter. On m'aurait demandé avant en quoi consistait ce métier, j'aurais été bien en peine de répondre. *Ergon*, en grec, veut dire « travail, activité ». Émilie va donc chercher avec moi les solutions les mieux adaptées pour que je puisse retrouver mon autonomie dans les activités du quotidien en concevant des outils personnalisés pour me déplacer, communiquer, effectuer seul ma toilette, manger. Vient ensuite Cécile, la kiné. Elle va poursuivre le travail déjà engagé et approfondir les étirements, le renforcement musculaire. Ces femmes sont joyeuses. Leur dynamisme me fait du bien. Je retrouve mon état d'esprit en elles, une énergie de battant. Puis arrive Julie, ma professeure de sport. Elle aussi voit tout de suite qu'elle a affaire à un « drogué du sport » et va se démener pour moi. Le trio infernal du centre est en place. Un médecin rééducateur et un généraliste complètent le tableau, sans oublier les infirmières. On me demande l'heure

à laquelle je veux être réveillé le matin. « Je ne suis pas en vacances. Je ferai la grasse matinée le week-end ! » Debout (enfin, façon de parler) à 7 heures, comme si j'allais au travail. Un tableau blanc est placardé, sur lequel sont notés tous mes rendez-vous. Avant le début de la rééducation, on m'installe dans un fauteuil similaire à celui que j'avais pour l'échographie et je fais la visite du centre. Pour moi, c'est Disneyland. Dans la pièce d'ergothérapie, il y a une foule de matériel, de jeux, d'ustensiles. Plus loin, deux salles de sport, des appareils, la balnéothérapie… Tout à coup, j'ai des perspectives, je vais pouvoir sortir. Je découvre les salles communes, lieux de rencontre hors les murs de ma chambre. Ça y est, l'hôpital, c'est fini !

Rééducation

Le mois de février débute et j'aimerais rentrer chez moi fin août, quand notre enfant sera né. Je n'imagine pas ma compagne à la maison avec notre bébé pendant que je suis au centre. Avant d'aller faire des prouesses en salle de kiné et de sport, je dois commencer par le b.a.-ba, à savoir apprendre à mon corps à aller aux toilettes une fois par jour. Quand on est en fauteuil roulant, les gens sont persuadés que ce qui nous manque le plus, ce sont nos jambes. Or, s'il fallait dresser l'inventaire de ce qui a été perdu à cause de l'accident et établir une liste de ce que j'aimerais récupérer, la maîtrise des sphincters viendrait avant la capacité de remarcher. Voilà pourquoi, au centre, tu commences par ça. Tu vas essayer de passer d'une phase où tu te fais dessus, allongé dans ton lit, à un stade où tu vas tenir assis plus longtemps et tenter de réguler le transit. On m'explique

que je vais devoir habituer mon corps à un seul passage quotidien à la selle. Soir ou matin. Tout le monde est logé à la même enseigne. Pourquoi ? Notre condition fait que dans le futur nous ne pourrons pas forcément sentir quand nous avons besoin. Un œil extérieur ne voit pas cette partie de la rééducation, on ne la montre jamais. C'est pourtant une étape capitale pour l'autonomie et la socialisation. Je l'ai déjà évoqué, porter des couches entraîne un sentiment de régression difficile à vivre. Pour ne pas infantiliser plus l'adulte, on utilise le terme de « protection ». Il n'en reste pas moins, même si le mot est banni du vocabulaire, qu'il s'agit d'une couche, qu'on fait dedans et qu'on nous change comme un bébé. La voir disparaître le plus rapidement possible, c'est retrouver sa fierté d'être humain. Quelles sont les stratégies ? Les infirmières et les aides-soignantes cherchent d'abord la solution la moins « invasive », à savoir l'ingestion de laxatifs à heure fixe ou l'application de gels. Ce n'est pas une action volontaire : on force le corps à prendre un rythme, à intégrer cette nouvelle façon de faire. Cela ne fonctionne donc pas d'emblée. C'est très long à mettre en place. À l'étape suivante, des suppositoires effervescents permettent d'accélérer le processus. Quand ce n'est toujours pas efficace, l'infirmière procède à un toucher rectal pour aller chercher elle-même les matières. Au-delà, des techniques chirurgicales prennent le relais, mais dans un premier temps on se cantonne à ce qui précède. Et ce n'est pas simple. La journée peut très bien commencer, tu te félicites des progrès et au moment de la séance de sport, tu te chies dessus et tu dois remonter en chambre pour te changer. Ça casse l'impulsion positive, ça sape le moral. On peut vite perdre espoir, même si le personnel rabâche ses encouragements. C'est le genre d'événement qui fait sauter le handicap en pleine face. Clairement, tu te dis : « Je suis dans la merde. » Je ressens la même chose aujourd'hui quand je me trouve dans une situation d'inaccessibilité. Parfois, j'« oublie » ou ne pense pas au handicap et paf ! Une petite claque de rappel, une voix qui murmure : « N'oublie pas, tu vas encore en chier, ce n'est pas réglé. » On change de suppositoire, de posologie, de temps d'attente. L'observation quotidienne du corps, les

tentatives variées, les tests concluants permettent de mettre en place une routine à peu près efficiente. Il faut savoir qu'il n'y a pas de règle. Plusieurs personnes avec la même lésion peuvent avoir des réactions variées. C'est du tâtonnement, un phénomène qui dépend certes du tableau clinique de la pathologie, mais beaucoup aussi de l'individu. Chacun est différent. Pour le volet urinaire, un long cheminement m'attend aussi pour tenter de retrouver du confort et préserver mon hygiène.

En parallèle, dans le cadre de vie restreint de ma chambre, tout le monde travaille main dans la main pour m'aider à améliorer mon état. L'ergothérapeute, à l'aide de cordons ou d'anneaux, trouve des solutions toutes simples pour attraper la télécommande et autres objets sans les faire tomber. Cela évite que je sois constamment obligé d'appuyer sur le petit bouton rouge pour réclamer de l'aide. D'autant qu'en fonction du moment où tu appelles, les infirmières ne sont pas toujours disponibles. Être le moins tributaire possible, voilà le défi. Me tourner seul dans le lit avec les barrières fait partie des premiers apprentissages avec l'aide du kiné. En revanche, je ne m'alimente toujours pas seul. On a trouvé un accord avec le directeur de l'établissement pour que ma compagne puisse rester tardivement. Arrêtée dans un premier temps, elle a repris le travail. Nos entrevues sont impossibles à gérer sans un aménagement des horaires de visite. Le soir, elle dîne avec moi et m'aide à manger. Souvent, même, elle apporte discrètement des petits plats. Pas de recettes hors du commun, mais des coquillettes au beurre avec du gruyère ou des concombres à la crème. Un régal. Ces douceurs ont permis la réintroduction d'une notion de plaisir dans l'alimentation. Il faut le dire, la nourriture en centre est du même acabit qu'à l'hôpital, ça laisse franchement à désirer.

Dans l'optique de passer à la station assise, on me présente bientôt un revendeur. Il dispose d'un matériel important et met à ma disposition un fauteuil électrique. Les aides-soignantes utilisent le lève-malade, une sangle glissée sous les fesses, une autre sous les bras, et me transfèrent sans effort (ça fonctionne aussi pour la douche). Je tombe encore dans les pommes très facilement. Il faut relever mes jambes, mettre les bas de contention… C'est une aventure. À de multiples reprises, je dois me remettre au lit. Cette étape prend du temps. Les premières fois, quand j'y parviens, je ne cherche pas à bouger, seulement à ne pas trop incliner le fauteuil, manœuvre simple à effectuer avec ce matériel électrique. Le but est de rester assis le plus longtemps possible. Trente minutes le premier jour, une heure le deuxième et très rapidement j'arrive à prolonger. Ça va devenir un jeu : « Installez-moi le plus tôt possible le matin et venez me recoucher le plus tard possible le soir. Je suis resté allongé trop longtemps. J'en ai marre ! » Même avec ce rythme, je reste à l'horizontale à partir de 18 heures et jusqu'au lendemain matin. La jauge est pleine. Pouvoir se mettre dans le fauteuil, ça veut dire commencer à circuler un peu dans le centre. Au départ, je dois encore appeler pour sortir de la chambre, car je ne sais pas comment ouvrir la porte, ni ensuite appuyer sur les boutons de l'ascenseur. Mais je commence à me balader seul dans le couloir, à aller en salle de repos, aux rendez-vous avec l'ergo et le kiné, à mes séances de sport. C'est le début de la liberté. Même en ayant une force de mouche à l'époque, je peux appuyer sur mon joystick et rouler. Ce début d'autonomie dans mes déplacements me procure une sorte d'ivresse. J'ai des sensations comparables à celles ressenties à l'obtention de mon permis moto, quand je suis parti rouler sans but toute la soirée. Là, c'est pareil. J'en profite pour explorer, montrer que je peux me déplacer par mes propres moyens dans le centre. C'est l'occasion de lier connaissance. J'ai déjà croisé du monde, mais nous nous sommes à peine adressé la parole. Jusque-là spectateur, je commence, en retrouvant la capacité de me mouvoir, à être acteur. Je peux m'intéresser. Qui sont les autres ? Que font-ils là ? Cela me fait du bien d'échanger avec des gens qui me ressemblent. On se comprend. On peut progresser ensemble.

L'ergothérapie s'oriente vers la capacité à se servir du fauteuil, apprendre à tourner, mieux évaluer l'espace. Un gros travail démarre sur la manipulation, la préhension avec les mains. Je ne peux pas me servir de mes doigts, mais mon poignet, en bougeant, entraîne physiologiquement leur resserrement. C'est l'effet ténodèse. On va essayer de travailler cette pince de façon intensive pour saisir le maximum d'objets. Petits jeux de société où il faut attraper des pièces, passer des anneaux dans des tiges. Tu pourrais juger ces activités trop enfantines, mais ces occupations ludiques, destinées à affiner la motricité, permettent d'éduquer. C'est valable pour petits et grands. Derrière le jeu, il y a un objectif thérapeutique. On met aussi en place les systèmes qui vont permettre de manger, se raser, se laver les dents, écrire. L'ergothérapeute a énormément de matériel à sa disposition. En dehors des séances, elle travaille pour créer des outils individualisés. Avec une matière thermoformable, elle fabrique des attelles adaptées à ma main. Puis elle ajoute des accessoires pour y fixer les couverts. Il n'est pas question d'achats dans le commerce, c'est du système D. Je dois apprendre à installer cette attelle pour ensuite retrouver le geste de me nourrir. À la cuiller d'abord, parce que la fourchette n'est pas pratique. Je le vis comme une sorte d'exploit. La rééducation, c'est un assemblage, une ribambelle de petites réussites. C'est gratifiant et ça fait du bien au moral. Je tiens le bon bout, je vais manger tout seul, c'est une avancée incroyable. Victoire sur l'immobilité et la dépendance. Un pas supplémentaire vers l'autonomie.

Pour écrire, on fait plusieurs tentatives et on teste différents dispositifs bricolés. En parallèle des séances d'ergo, je participe à des séances de dessin et écriture où on réapprend en groupe. Il y a des tétraplégiques, mais aussi des personnes qui ont fait des AVC et qui ne savent plus écrire. Mêlé à ces gens-là, je découvre d'autres handicaps. Je me rends compte que contrairement à quelques-uns, je suis conscient de mon incompétence à écrire. Or, pour certaines victimes d'accidents vasculaires cérébraux, cette conscience surgit brutalement après une période d'anosognosie[1], provoquant une vraie souffrance. Réaliser, à soixante-dix ans, qu'on ne sait plus écrire son prénom parce que la zone du cerveau qui

1. Trouble neurologique caractérisé par la méconnaissance de sa propre maladie.

s'occupe du langage est endommagée, quel choc ! D'autres personnes, cérébro-lésées, déambulent dans les couloirs et errent sans but. Être en contact avec ces gens m'aide à relativiser. Mon intégrité cérébrale est préservée, j'ai juste une difficulté mécanique ; à tout prendre, je préfère ça. Je sympathise avec certains, me prends d'affection pour eux. L'un d'eux débarque parfois dans ma chambre, sans raison, à n'importe quelle heure. Une des personnes âgées avec laquelle j'écris finit par se laisser mourir, quand elle se rend compte qu'elle n'arrive pas à récupérer. C'est triste. Notre groupe d'adultes aux modalités de fonctionnement différentes et aux pathologies variées fait du coloriage pour travailler la dextérité, la précision : il ne faut pas dépasser. Se concentrer, garder la posture, maîtriser, tout cela demande une concentration extrême et génère, dans les premiers temps, une fatigue intense. Devoir se mobiliser à ce point pour une tâche qu'on accomplissait sans réfléchir auparavant est parfois déroutant. Chaque jour, cependant, je fais des progrès significatifs

En sport, on commence par travailler le cardio. Avec mes capacités musculaires, je n'ai plus assez de forces pour que mon cœur monte à un haut niveau de palpitation. En tant que sportif, j'atteignais facilement deux cents pulsations par minute ; maintenant, même quand je suis au maximum, je suis à cent trente. En parallèle à l'endurance cardiaque, on développe les membres supérieurs. Comme je ne peux rien tenir avec mes mains, on les fixe comme on peut avec les bandes de contention au pédalier du vélo à bras. L'entreprise est longue, laborieuse. Une fois que je suis harnaché, c'est parti pour cinq minutes au terme desquelles je suis crevé. Parfois, je ne parviens pas à finir. Je suis contraint à des pauses régulières. Mes triceps ne sont pas opérationnels, je tétanise. Pourtant, je persévère dans ces activités physiques adaptées. Quarante-cinq minutes deviennent vite insuffisantes. Ma prof de sport le comprend et me propose des séances supplémentaires l'après-midi avec les appareils en salle... On attache, on détache. Elle crée, pour d'autres tétraplégiques et moi, un système de sarbacane, une façon d'améliorer le souffle sans avoir l'impression de faire un exercice de kiné respiratoire.

Par ailleurs, j'essaye le tennis de table, là encore en bricolant une fixation de fortune pour la raquette. Une stagiaire, dont c'est la discipline, met en place le tir à l'arc. Elle attache l'arc à une main avec les bandes de contention et à l'autre, elle fixe une espèce de protège-poignet doté d'un système innovant. Il permet, une fois l'arc bandé, de déclencher le tir sans bouger, en appuyant sur une gâchette avec le doigt. Elle adapte le matériel pour que je puisse actionner le dispositif avec ma joue. Mes recherches sur internet me l'ont montré, mais là, je le vis vraiment : même handicapé, il y a des perspectives sportives.

Retour avec la kiné. Plusieurs fois par semaine, elle me transfère sur une table de verticalisation. Le but du jeu ? Se lever, étape par étape, jusqu'à quatre-vingt-dix degrés. Remettre les jambes en charge a un effet bénéfique pour la circulation sanguine, le transit. Petite anecdote de rééducation : le sang redescend, tous les hommes blessés médullaires ont une érection lors de cette étape. Comme on est en jogging, c'est très visible. Les premières inclinaisons sont de l'ordre de quinze à vingt pour cent. La séance quotidienne dure deux fois un quart d'heure. Au début, je ne tiens pas aussi longtemps. Ensuite, je m'ennuie. La kiné m'attache alors des poids au bout des bras et je refais des exercices de sport. Cela me permet de ne pas rester passif.

J'apprends aussi des déplacements comme basculer sur le côté quand je suis sur le dos et m'asseoir. Les transferts du lit au fauteuil ne peuvent s'effectuer directement. Ils nécessitent l'usage du plan bobath, une surface plane et dure. Une fois dans le fauteuil, j'en découvre petit à petit le maniement : avancer, reculer, tourner, travailler l'équilibre à l'aide de petits jeux, de lancers de balle. Une relation particulière s'établit avec mes kinésithérapeutes. Cécile et Julie sont mes piliers dans le centre (même si je m'entends très bien aussi avec mon ergothérapeute). Je les adore, je suis en phase avec elles. Nous rions beaucoup. Tu vis les pires moments de ta vie, il y a beaucoup de tristesse, pourtant, et c'est difficile à comprendre, tu n'as jamais eu autant envie de rire. Les séances sont une vraie soupape. J'évacue la peine en utilisant mon humour grinçant. Cette capacité à rire de moi et de mes difficultés est une force. Mes kinés l'ont compris et savent ce qu'elles peuvent attendre de moi. Elles n'ont pas à gérer l'aspect psychologique ou la dimension émotionnelle du deuil de ma validité. Pour d'autres, il faut y aller progressivement, arrondir les angles.

Bien évidemment, je rencontre la psychologue du centre. Le rendez-vous a lieu rapidement après mon arrivée. Après un quart d'heure d'entretien, je me demande ce que je fais là. Je ne me sens pas à ma place. J'ai l'impression qu'elle va me faire sombrer. Je le lui dis : « Vous n'êtes pas en train de m'aider. » Je pars, je ne la reverrai jamais. Je ne suis pas fermé sur la discipline. Un jour, peut-être, j'en aurai besoin, mais à ce moment-là, je sens que ce n'est pas pour moi. Il y a sans doute beaucoup de gens pour lesquels c'est une aide cruciale et tant mieux. J'ai eu une capacité de résilience instantanée, comme si mon cerveau s'était programmé avec cette nouvelle donne et que le travail que j'aurais pu engager avec la psychologue s'était fait spontanément.

Grâce à mon fauteuil, j'accède à la salle de restauration où je peux déjeuner avec tout le monde. Quand le menu laisse à désirer, on compense en se goinfrant de sandwiches à la moutarde. Au gré des séances de rééducation et des temps libres, tu te fais des copains et copines de galère… Un groupe se constitue naturellement entre blessés médullaires. Nathalie, tétraplégique, arrivée un peu avant moi, est en fauteuil électrique. Blessée un peu plus haut que moi, elle n'a pas le contrôle des poignets ni des coudes. Elle a vingt ans et le moral dans les chaussettes. On la prend en main, on arrive à la faire rire un peu. Dans cette drôle d'ambiance de colonie des éclopés, il y a un va-et-vient permanent. Certains sont là pour des ligaments croisés. Anne, monitrice de ski, a été prise dans une avalanche, elle est paraplégique. Anne-Lise, blondinette d'un mètre cinquante, a les jambes tendues avec des broches en raison de fractures des membres inférieurs. C'est parfois compliqué à table, on fait du Tetris entre les fauteuils et les jambes de tout le monde, notamment celles de Ludo, un grand costaud d'un mètre quatre-vingt-dix pour cent kilos. C'est un joyeux bazar pour se caler

et parvenir à déjeuner ensemble. Gilles, amputé, adorable petit mec brun, mâchouille en permanence des pastilles pour ne pas fumer. Il nous fait rire en racontant ses déboires avec son membre fantôme : ça lui gratte le pied ! Vincent est paralysé depuis longtemps mais a récemment subi une intervention. Il a une voiture, une sportive verte. Il est fou de vitesse malgré le fauteuil. Il fait figure de mentor en partageant son expérience de la vie au-dehors. Didier, accidenté, a une broche dans la jambe et pas sa langue dans la poche. Ce gros dur au cœur tendre inspire le respect. Il n'hésite pas à donner de la voix pour défendre nos droits. Beaucoup d'autres personnes sympathiques font des passages éclair. Notre petit groupe se retrouve dans les moments libres, entre les séances. En début d'après-midi, épuisé par les efforts du matin, je fais une pause avant les activités. Puis, vers seize heures, commencent les rendez-vous avec l'extérieur.
Les gens dont c'est la première visite ne savent pas où ils mettent les pieds. Gênés, dans la retenue, ils ont parfois les larmes aux yeux. Mon plaisir est de leur redonner le sourire. Quand je les vois repartir comme ça, je me dis que j'ai tout gagné ! Je veux qu'ils viennent et reviennent pour Romain, pas pour un handicapé. Je suis content de montrer les évolutions. J'ai eu la chance de ne pas connaître de situation d'abandon. Au contraire, plein de gens se sont révélés, notamment à travers l'association. Beaucoup de collègues pompiers que je connaissais à peine sont devenus de vrais amis. Ensemble nous avons créé une formidable synergie. Moi je travaille pour devenir autonome, eux œuvrent pour financer cette autonomie. « Occupe-toi de toi, emploie ton énergie à sortir de là, nous, on s'occupe du reste. » Ils ne veulent pas que les contraintes financières liées à mon handicap viennent empiéter sur ma rééducation. Ils ont bien compris que je n'avais pas d'assurance « accidents de la vie » et que ça allait coûter très cher. Leur élan de générosité n'est pas une parole en l'air. La solidarité, chez eux, c'est viscéral. J'ai les larmes aux yeux et les poils dressés à chaque fois qu'ils m'expliquent leurs projets. Tout ça pour un type qui n'est même pas du pays. Ils ne sont pas chauvins, je suis un enfant adopté de la Haute-Savoie. Leur

engagement est une source de motivation. Je veux leur prouver qu'ils ont raison de croire en moi. Plus ils font, plus j'ai envie de faire. C'est ma façon à moi de les remercier.

Le week-end, les seules activités possibles sont les visites. J'ai demandé qu'on me donne du travail supplémentaire. L'ergo m'a laissé des jeux pour travailler ma préhension. Je me suis acheté des poids et des élastiques, je fais sport dans ma chambre pour progresser. Début mars, avec mon fauteuil électrique, je prends le bus dans Annecy pour la première fois avec l'ergothérapeute. Le week-end suivant, mon ami Juju vient et on se balade en ville, sans professionnel à mes côtés. Cependant, le fauteuil électrique n'est qu'une étape. Ma pathologie me permettant d'être en fauteuil manuel, on m'en prête un. Il est mobile, mais ça reste encore un char pour moi. Pour faire une comparaison, c'est comme si je troquais un fauteuil moelleux contre une chaise de camping. La position et les sensations ne sont plus les mêmes. Surtout, je n'ai pas encore la force de le faire avancer. Aller de mon lit jusqu'à la porte est très compliqué. Les quelques mètres à franchir jusqu'à l'ascenseur me laissent sur le carreau. Petit à petit, j'apprends à aller de plus en plus loin. À ce moment-là, fin mars, arrive l'anniversaire de ma compagne. J'ai envie de lui faire une surprise et de rentrer à la maison. Le centre n'est pas défavorable à ma sortie. Le matin du jour J, on me prépare. Dimitri, Daniel, Juju, Clément, Riquet et Matthieu, mes amis, viennent me chercher. Arrivés devant chez moi, ils me sortent de la voiture, m'installent dans le fauteuil, me poussent devant la porte, sonnent et s'en vont en courant. Ma compagne ouvre. Hurlement, pleurs ! Mes beaux-parents, très proches de nous pendant la rééducation, sont là avec d'autres. Tout le monde est très ému, la surprise est totale. C'est génial… Le lendemain, quand je reviens, à moi d'être surpris : mes potes ont manigancé la venue de toute la caserne ! La garde d'Annemasse débarque et on partage un gâteau. Le retour au centre est compliqué. Je passe de l'euphorie du week-end à la solitude de mon lit. Montagnes russes, retombée du soufflé. L'espace de quelques heures, tu as eu l'impression d'avoir retrouvé une vie normale, tu as revu tout le monde et là, c'est le vide. À 18 heures, tu vois la dame qui t'apporte ton plateau-repas. C'était la première fois que je rentrais à la maison. Six jours plus tard, j'assiste à la deuxième échographie. C'est une petite fille !

Cette période marque un gros changement dans mon quotidien avec les permissions du week-end. Je reviens au centre chaque samedi soir, parce que j'ai besoin de soins qui ne me permettent pas de dormir ailleurs. Je goûte néanmoins à nouveau à la vie extérieure. Je me souviens de petits plaisirs comme ma première séance de cinéma. *Sur la piste du Marsupilami* n'est pas un chef-d'œuvre. Avec mon fauteuil électrique, je peux presque m'allonger et je me dis : « C'est trop bien, un fauteuil comme ça pour regarder le film. » C'est tellement bien que je m'endors. Je peux aussi entrer à nouveau dans un magasin, acheter des vêtements, faire des cadeaux sans être obligé de déléguer. D'autres après-midi, j'arpente les bords du lac en long, en large et en travers. Ressentir la chaleur du soleil sur le visage, aller prendre un verre, déjeuner au restaurant. Ce sont des instants agréables. Les bruits, les parfums, on n'y prenait pas garde, alors les retrouver, c'est savourer la vie comme jamais. À ce moment-là, il commence à faire bon, je vais sur les plages ; les promeneurs s'allongent sur l'herbe. Et moi, installé dans mon fauteuil, la musique dans les oreilles, je me fous des apparences. Ma thermorégulation est en panne. Le froid n'est pas mon ami et quand il fait trop chaud, je souffre beaucoup. Alors, cette période de l'année, avril, mai, juin, c'est la meilleure pour moi. Je peux me gorger de soleil sans souffrir. Je revis. Cette sensation est délicieuse. Je me sens tellement bien que ça annihile ce qui peut se passer à l'extérieur. Je ne fais pas attention à la façon dont on me regarde, j'ai bien d'autres problèmes à gérer. C'est un début de déclic. Je me dis : « Je m'en fous de ce qu'on pense de moi. » Au départ, on en reparlera, le regard des autres est vécu difficilement.

J'ai envie d'être sorti de rééducation alors que je suis à des années-lumière de revenir chez moi. Je n'en suis qu'aux prémices, mais ces quelques petits progrès

font naître en moi un espoir un peu trop précoce d'autonomie rapide. Je suis encore dans l'euphorie de mes victoires quotidiennes et je m'emballe. J'envisage une première nuit chez moi. C'est utopique. Le « bientôt » s'éloigne. Dans le même temps, l'association a accéléré le mouvement et quotidiennement je reçois des messages, des photos. Tout le monde porte un tee-shirt de l'association avec mes initiales et ces vêtements s'affichent un peu partout sur les réseaux sociaux. En juin, on commence à parler de mon futur fauteuil. Le choix n'est pas facile. Un coureur doit parfois essayer dix paires de baskets pour trouver celle qui lui convient, dans laquelle il est à l'aise. Pour le fauteuil, c'est pareil. Seulement, dans le monde des fauteuils, les standards ne sont pas forcément adaptés, ni à ton gabarit, ni à ton handicap. Il faut donc imaginer des réglages et s'en remettre entièrement à l'ergothérapeute et au revendeur médical, parce que la seule sensation personnelle ne suffit pas. Il est essentiel d'être accompagné par quelqu'un qui doit comprendre tes besoins, ne pas essayer de te vendre le matériel le plus cher mais celui qui te correspond le mieux. Je passe de plus en plus le temps dans le fauteuil manuel. Le fauteuil électrique a totalement disparu au centre et à la maison. Je le conserve néanmoins quand je me promène en ville. Il arrive encore fréquemment que j'aie besoin d'aide, dans une côte par exemple. Mais j'ai alors la sensation d'être en poussette. Je n'aime pas ça. Seul, j'anticipe pour éviter les petits cailloux, les trous et autres aspérités du sol. Lorsqu'on manœuvre derrière moi, je ne maîtrise plus rien. Celui qui dirige peut provoquer des secousses, voire me faire tomber. Ça crée du stress et de l'inconfort. Heureusement, je sais qu'à l'avenir, je pourrai greffer une assistance électrique au fauteuil manuel. Je teste plusieurs exemplaires, pendant trois semaines chacun. Je dois impérativement disposer d'un modèle pliable pour éviter à ma compagne de démonter le fauteuil à chaque fois qu'on monte dans la voiture. Ce cahier des charges contraignant limite le choix. Comme quand tu choisis un véhicule, l'esthétique entre en ligne de compte, il faut qu'il plaise. Mais le plus important c'est : « Comment tu te sens dedans ? Tu n'as pas mal au dos, pas mal aux fesses ? » On cherche à oublier le matériel. J'arrête les essais car je trouve rapidement mon bonheur. On sait qu'un premier fauteuil est provisoire, ce n'est pas celui qui me conviendra à terme. J'ai aujourd'hui un deuxième fauteuil et c'est le jour et la nuit par rapport au premier. Ma première expérience m'a permis de découvrir les limites et évaluer mes besoins pour la suite.

Depuis que je suis assis toute la journée, les étirements avec le kiné sont plus intensifs. Sur la table de verticalisation, on a avancé, je tiens quasiment droit et je ne tombe plus dans les pommes. Je peaufine tous les exercices de transfert, de déplacement, sur le canapé ou dans le lit, comment déplacer mes jambes, me retourner. Autant de petits gestes qui vont me permettre d'être autonome, simplifier ma vie et celle des gens qui m'aident.

Arrive un événement très important pour moi. Hervé, un copain d'enfance, jeune sapeur-pompier avec moi, est devenu pompier professionnel à Toulouse. On s'est perdu de vue depuis dix ou quinze ans quand il apprend mon accident. Avec deux de ses amis, il décide de rallier Toulouse à la Haute-Savoie à vélo. Il prévoit de s'arrêter dans toutes les casernes qu'il trouvera sur sa route afin de récolter des fonds. Il ne prend pas contact directement avec moi, je l'apprends par le biais de l'association. Le périple, prévu fin juin, dure une semaine. La veille de l'arrivée, les trois cyclistes amateurs font halte à Annecy. On lance un appel et on propose à tous ceux qui le veulent de les accompagner lors de la dernière étape entre Annecy et Annemasse, le 27 juin. Quant à moi, il est prévu que je suive le cortège dans un camion. Pour la première fois depuis des années, je revois mon pote à la caserne d'Annecy, au petit matin. À peu près quatre-vingts vélos, dont des tandems avec des non-voyants, sont au départ. C'est magique ! Sur le trajet, on s'arrête dans plusieurs casernes, notamment celles où j'ai travaillé. On rencontre beaucoup de monde, mais le clou du spectacle m'attend plus loin. On emprunte un rond-point près de là où j'habite. Il y a là un petit pont sur lequel je reconnais ma famille, des amis proches et ma compagne, en train

d'applaudir. L'émotion est à son paroxysme. Je pleure pendant les six derniers kilomètres. La grande avenue permettant d'accéder à la caserne a été bloquée avec les véhicules de pompiers, gyrophares branchés et sirènes hurlantes. On rentre dans la cour, au milieu de cette haie d'honneur de camions. Fort. Hervé monte sur une estrade et explique pourquoi il a fait tout ça. Il procède à la remise des chèques qu'il a récoltés. Il a fait signer les donateurs et de nombreux messages me sont adressés. Ce soir-là, je crois qu'on a demandé une dérogation au centre, il n'y a pas d'heure pour rentrer, on se retrouve tous ensemble autour d'un grand barbecue. Avec les meilleurs potes de l'association, les trois cyclistes et leurs accompagnateurs, on poursuit la fête jusqu'au bout de la nuit. La journée a été tellement intense ! Je suis épuisé, je m'endors des rêves plein la tête, physiquement assommé. Le lendemain, je n'ai qu'une hâte, retourner profiter de tout le monde car la fête se poursuit. Chez les pompiers, on fait en sorte que ce genre d'événement reste dans les mémoires. On donne de l'importance aux choses qui en valent vraiment la peine. Côtoyer la douleur et les traumatismes des gens que l'on secourt au quotidien permet de savoir profiter de l'essentiel.

Juillet. Pour que je puisse rentrer à la maison, il faut remplacer la baignoire par une douche accessible. Le propriétaire donne son accord pour les modifications. Je finance les travaux. La seule possibilité d'aide, c'est la Maison Départementale des Personnes Handicapées (MDPH). Il faut faire une demande: pas de problème. Ce qu'on ne sait pas encore, c'est que ça prend très longtemps. Si j'attends la réponse de la MDPH pour commencer les travaux, je ne serai pas chez moi avant un an, un an et demi. C'est infaisable. Je reste cependant indulgent avec la MDPH parce que finalement, ce sont les seuls qui nous aident. Les délais sont terribles et les sommes octroyées dérisoires, mais ça a le mérite d'exister. Manque de personnel, contraintes différentes d'un département à l'autre, les dysfonctionnements sont nombreux malgré la bonne volonté des personnes qui y travaillent.

Grâce à l'association, je fais l'acquisition de mon fauteuil de douche. Il faut également un lit médicalisé.

14 juillet. Le Bal des pompiers à Épagny est une institution. J'obtiens désormais régulièrement des dérogations. Je me fais une joie de participer à cette fête populaire. Mes cousins de Tours viennent me voir à cette occasion. En fait, pour la première fois, je me retrouve confronté à une des difficultés majeures en fauteuil : la foule. Mon histoire a été médiatisée, les gens savent qui je suis. Je ne connais pas grand monde, mais tout le monde me connaît. C'est un peu déroutant de voir ces inconnus m'aborder : « Salut, Romain… » Tu réponds : « Bonjour », sans savoir qui est ton interlocuteur. Je retrouve ce sentiment avec les réseaux, les gens m'abordent et me disent : « On a l'impression de vous connaître, mais vous ne savez rien de nous… » C'est évident. Maintenant j'ai compris, mais à l'époque, c'est un choc. À Épagny, la manifestation, très importante, rassemble plusieurs milliers de personnes. On est choyé, comme des coqs en pâte ; on nous offre tout ce qu'il faut pour passer une bonne soirée. Mais du haut de mes un mètre trente-deux, je me confronte à plusieurs écueils. J'imaginais vadrouiller et rencontrer plein de monde, mais je passe ma soirée cantonné à table. La concentration de personnes est telle que je ne peux pas évoluer. Je prends une claque. Je me confronte à ma nouvelle réalité : je voulais retrouver ma vie d'avant, mais rien ne sera plus pareil. Je ne peux pas le reprocher aux autres, car j'étais dans leur position il y a peu et je ne me rendais pas compte de la différence qui existe entre être debout et en fauteuil. Leurs yeux sont au-dessus, le fauteuil est un cran en dessous. Je n'ai pas de rancœur, je n'en veux à personne. Toute la soirée, je reçois des coups de pied dans les roues, dans l'antibascule derrière, même assis à table. Les gens butent sur moi, s'excusent à chaque fois : « Oh pardon ! » Ils ne m'ont pas vu. Sentiment d'être invisible d'une part et malmené d'une autre. Je serai rassuré par la suite, parce que c'est l'un des plus gros bals de France. J'ai donc été confronté au pire de ce que l'on

peut trouver en matière de densité d'individus. Jeté dans le grand bain sans préambule, j'ai trouvé l'eau un peu fraîche !

Une petite révolution survient au centre de rééducation. Ma prof de sport a déniché des outils plus pratiques que les bandes de contention ; elle a trouvé ça en Angleterre, sur internet. Ces gants remplacent ma préhension, ils viennent serrer ma main sur ce que je veux attraper. Révolution pour le sport, car je vais pouvoir attacher les haltères, la barre de musculation, les fameuses poignées du vélo et pouvoir me détacher tout seul. On est le 24 juillet, six mois après mon accident. Je suis encore en rééducation et loin du compte. Mais je pense à une chose : faire des vidéos sur YouTube pour montrer aux gens comment on se débrouille en fauteuil. C'est drôle, je l'écris : « Je veux réaliser les gestes du quotidien dans mon nouveau corps afin que les gens se rendent compte de la difficulté, mais aussi aider ceux qui pourraient se demander comment faire s'ils sont dans ma situation. » Je ne me souvenais pas d'avoir pensé si tôt dans le processus à communiquer sur le sujet. Pourquoi ? Parce que j'étais très curieux et que les réponses à mes questions, je les ai essentiellement trouvées sur internet. J'ai découvert quelques astuces, mais pas toutes. Et je me suis dit : s'il n'y a pas les solutions, c'est peut-être à toi de les apporter. Pourquoi tu ne les ferais pas, toi, ces vidéos ? Tu es légitime. C'est surprenant de me dire que cinq ans avant de commencer réellement, j'avais déjà eu l'idée. En vérité, je suis toujours dans la démarche d'aider les autres. Je me suis fait cette réflexion : « Romain, t'es dans la merde, faut pas avoir peur des mots, dans la merde jusqu'au cou ! Tu es en rééducation, tu galères, tu n'es pas encore chez toi et tu es déjà en train de penser à faire des trucs pour les autres. » Mon côté égoïste se dit : « Hé, pense un peu à toi avant de vouloir changer le monde et apporter ta pierre à l'édifice ; essaye de t'occuper de toi parce que tu n'es pas encore sorti de l'auberge ! »

La naissance de Luna

Le terme de la grossesse approche. Je ne suis pas bien. Physiquement, moralement, gros coup de mou. Les doses de médicaments sont augmentées. C'est un cercle vicieux. Quand ça ne va pas, la spasticité[1] s'accentue, provoque les galères et fait plonger le mental… Je suis le premier à crier que je veux avoir le sourire tous les jours, mais même les plus grands optimistes ont des passages à vide. C'est important d'en parler. Je n'ai pas envie que les gens pensent que j'occulte les difficultés, elles sont là. Il ne s'agit pas de vendre une image. Je suis là pour parler de la vraie vie et dans la vraie vie, je suis comme tout le monde, j'ai des hauts et des bas. Notre société prône la culture du bonheur, mais ce dernier

1. Contractions musculaires involontaires ou exagération de la tonicité musculaire se manifestant par des spasmes.

n'existe pas sans malheur à côté ; le noir se repère parce qu'il y a du blanc, tout est question de contraste. Je ne me cache pas. Avouer que je suis vulnérable me rend-il plus humain ? Je suis le premier à déconner et à rire, mais aussi à exprimer ouvertement ma colère quand quelque chose me contrarie. Montrer une seule facette, ce serait tricher. Mon handicap, ce n'est pas la fête tous les jours…
Ce passage à vide de l'été 2012, même si je ne me l'avoue pas, est en lien avec le défi que je m'étais lancé d'être rentré à la maison au moment de la naissance de notre fille. Je tombe brutalement de mon nuage. Je réalise que c'était utopique. Je vis mon rêve brisé comme un échec et ça se répercute sur mon état de santé. Je broie du noir, mes nuits sont compliquées. Ma fille va naître et l'objectif fixé n'est pas atteint.
Je reçois mon nouveau fauteuil, le 4 août. Le prix ? 6 000 et quelques euros pour une gamme intermédiaire. La Sécurité sociale rembourse 557 euros. Je vous laisse faire le calcul de ce qu'il faut encore débourser ? Beaucoup trop ! En ce qui me concerne, le reste est financé par la mutuelle, la MDPH et l'association. Recevoir son fauteuil, c'est recevoir un joujou. Là où certains voient l'infirmité, moi je vois ce qui m'extrait du handicap. Si je ne l'ai pas, je suis coincé dans mon lit ou figé au sol. Il est mon véhicule, mes « jambes ». Sans, je ne peux rien faire. Grâce à lui, j'ai ma liberté de mouvement, ce n'est pas un outil stigmatisant. Je ne suis pas *handicapé*, je suis *capable autrement*.
Dans la nuit, vers 2 ou 3 heures du matin, je reçois un appel de ma compagne. Elle a des contractions. Mais elle s'est fait couler un bain et décide d'attendre un petit peu. Elle me suggère de me rendormir. « Je te rappelle si je vais à l'hôpital. » Quand tu reçois ce genre de coup de fil, tu ne te rendors pas. Je garde mon téléphone sur moi toute la nuit. Je n'allume pas la télé, mais je suis incapable de refermer l'œil. À 6 heures, nouvel appel pour m'informer qu'elle part à la maternité. Je raccroche, saisis et actionne le bouton rouge. À peine ai-je sonné, la porte s'ouvre. Elles sont deux, l'aide-soignante et l'infirmière, deux crèmes que j'adore. Je n'ai pas le temps d'ouvrir la bouche qu'elles me disent : « Allez

dépêchez-vous, on vous prépare. » Elles étaient dans le couloir. Elles savent qu'on approche du but, elles ont entendu. « Désolées, on a écouté aux portes ! » On a bien évidemment anticipé le plan d'attaque pour que je puisse être transféré et assister à l'accouchement. Tout est prévu. Elles contactent mon médecin. Ce dernier envoie un bon de transport pour qu'un véhicule m'emmène à l'hôpital. Le temps de faire les soins, la douche et les préparatifs, l'ambulance est là. Peu de temps après, je rejoins ma compagne. Elle est installée dans la chambre, il faut attendre que le col se dilate. Elle me dit : « J'ai soif. » Machinalement, je réponds : « OK je m'en occupe. » C'est le premier moment où je commence à repousser mes limites en dehors du centre. Les couloirs, les portes battantes, celles avec une poignée, c'est l'aventure… Je traverse l'hôpital jusqu'à la machine à café. Là aussi, je me débrouille seul. J'achète des boissons et de quoi manger car je n'ai pas pris de petit-déjeuner. Comment je vais ramener tout ça sur moi ? En fait, l'adrénaline me booste, j'ai l'impression que rien n'est impossible et je rapporte tout sans encombre. Je réalise que si ça dure très longtemps, je vais pouvoir faire des aller-retour en toute autonomie. Le temps passe, elle est emmenée en salle de travail. L'accouchement commence vers 14 h 30… Je suis très fatigué. Je n'ai pas l'habitude d'être statique. Je résiste. Pas question d'attirer l'attention sur moi. Ma compagne souffre, ce n'est pas moi qu'on doit plaindre. Plus que jamais, c'est son moment à elle. Je suis à ses côtés, on se tient la main, j'essaye de trouver les mots.

Ma fille vient au monde ! La sage-femme me propose de couper le cordon, elle enroule ses mains autour des miennes pour tenir les ciseaux et m'aide à appuyer pour que ce soit vraiment moi qui coupe le cordon. Beau symbole. À ce moment, il n'y a plus de handicap. Je suis un papa, plus rien n'existe. Il y a juste une famille. La puce est dans les bras de sa maman. On reste là, tous les trois. On pleure de joie. Un peu plus tard après les soins, on me demande si je la veux contre moi. Je ne suis pas rassuré. J'ai quatre sœurs et un frère plus jeunes que moi, je sais m'occuper d'un bébé. Ce n'est pas le souci. Mais je ne suis pas

encore très stable dans mon fauteuil, je n'ai pas d'abdos. Si je mets les bras en avant, mon buste n'ayant aucun maintien, mon corps bascule. J'ai peur que le poids de ma fille ne m'entraîne. Les infirmières et la sage-femme me rassurent. Je sais incliner le fauteuil en arrière, contre le mur. Avec un drap, elles bloquent le fauteuil dans mon dos. Torse nu pour le « peau à peau », j'accueille ma fille. Elles enroulent un second drap autour de nous, il n'y a aucun risque. Ensuite, c'est indescriptible. La petite ne pleure pas. Elle est dans mes bras, apaisée. Et moi, je suis tellement bien ! La douleur et la fatigue se sont envolées. Pourtant j'ai les bras en l'air mais je n'y pense plus. Je ne sais pas combien de temps ça dure, c'est long. La maman nous regarde et je lui propose de reprendre l'enfant : « Non, garde-la », dit-elle doucement. Je prolonge l'instant. Il a un goût d'éternité. Je passe ensuite la fin de la journée près de ma fille, de ma compagne et de ses parents venus pour aider.
Je vis très mal la séparation pour rentrer à Argonay. J'aurais aimé passer la nuit avec elles. J'ai le sentiment d'abandonner ma famille. Au centre, tout le monde me saute dessus, veut savoir comment ça s'est passé, me bombarde de questions, réclame les photos. La soirée passe finalement très vite, il y a du monde dans la chambre jusqu'à minuit. Je fête la naissance de ma fille avec mes copains de galère assez autonomes pour ne pas être au lit. Il me semble même que les infirmières amènent dans son brancard une des filles avec laquelle je m'entends bien. Ça ne se fait jamais d'habitude. Je suis le premier à devenir papa pendant sa rééducation. Le premier, peut-être, à s'insurger contre le coucher anticipé, parce que je veux profiter comme tout le monde à mon âge. Et toutes ces premières fois dont le personnel n'a pas l'habitude, finalement, engendrent une adaptation. J'espère que ça ouvre des portes pour qu'à l'avenir, le système fasse preuve de plus de souplesse. Ce soir-là, bien entendu, je ne suis pas capable de recul, je suis dans l'euphorie de ma journée. Ma déception, immense en les abandonnant, est oubliée le soir. Lorsqu'on s'appelle, ma compagne me rassure : « Je suis claquée, je dors, la petite dort, ne t'inquiète pas. »

Les journées suivantes, j'ai le droit d'aller à la maternité tous les jours. J'ai bien dit : « le droit ». Déroger aux soins pendant quelques jours n'est pas si simple. Tout est régulé par la Sécurité sociale. La prise en charge est stricte. Pour respecter le système, l'aménagement doit être officiel. Mes heures sont rythmées différemment. Attaché, je peux prendre ma fille dans mes bras. Quand la maman boude la nourriture du plateau, je vais lui chercher un sandwich. Je découvre que je peux remplir mon rôle, malgré le handicap. À une petite échelle pour l'instant, je peux assumer. Une sage-femme me dira : « Monsieur, malgré ce que vous traversez, vous êtes plus présent que beaucoup de papas. » Quel joli compliment ! L'objectif du retour à la maison n'est pas atteint, mais il est contrebalancé par ma présence ici et ma capacité à entourer ma famille.
J'expérimente aussi mon handicap dans un autre contexte. Le centre de rééducation est une prison dorée. Il y a sans arrêt un filet. Quand quelque chose ne va pas, on sonne et on obtient de l'aide. Le week-end, quand je rentre chez moi, je suis toujours entouré. À la maternité, je me retrouve seul. Je découvre la nécessité que des inconnus me rendent service. Je n'aime pas réclamer, mais je comprends que je serai amené à demander de l'aide sans forcément pouvoir apporter en contrepartie autre chose que ma gratitude. Les autres ne veulent pas forcément une contrepartie. Ce qui est sûr, c'est que je ne vais pouvoir donner qu'un sourire et un merci. Tu espères que ça suffit et tu vois rapidement, c'est une découverte, que oui.

Le retour à la vie normale

À la fin du mois d'août, le premier week-end où je dois rentrer chez moi après l'accouchement est ajourné pour raison médicale. Je vois la vie de ma fille commencer sans moi à la maison et je mesure les entraves à mon retour. Je me sens coupable. Je me suis toujours dit : « C'est la faute à pas de chance, c'est le hasard, ça peut arriver à n'importe qui, n'importe quand. » Là, c'est rare, mais je pense : « Je ne suis pas chez moi et c'est de ma faute. » Je suis très énervé, j'en veux à la terre entière. Assez vite, une fois la frustration passée, je me projette sur le week-end suivant et je reprends le dessus. Tu as attendu longtemps, mais ne te laisse pas abattre pour cinq jours. Ce premier week-end à la maison, je mange, je dors, je vis avec ma famille… Le test, avec des infirmiers que je vois pour la première fois, une équipe adorable, est concluant. Je suis rassuré, regonflé à bloc. Le lundi matin, le médecin me confirme une bonne nouvelle : mon dossier a été validé. Dans quinze jours, je serai au centre pendant la journée, mais je rentrerai tous les soirs chez moi. Deux semaines, c'est long et court à la fois, ça arrive très vite. 21 septembre. Il me tarde !

Biberon

Ce retour correspond à une semaine de vacances octroyée à tout le monde au centre de rééducation. Ma compagne est en congé maternité. Je profite de ce temps pour me ressourcer loin des soins. Je réfléchis à ce que je peux imaginer pour retrouver mon rôle en tant qu'homme et père. Comme sa maman assure pendant la journée, j'estime que la nuit, c'est à mon tour de jouer le jeu et de m'occuper de Luna. J'ai un sommeil très léger. Dès que la petite manifeste, je l'entends. Je ne peux pas encore me lever seul. Je réveille ma compagne. Elle prépare le biberon et se rendort pendant que je le donne. Ensuite, je la réveille à nouveau et elle va recoucher la petite. Ma fille sent que certaines choses pourraient la mettre en danger. Une connexion s'opère entre nous. Que ce soit pour le biberon ou quand elle est contre moi, c'est ahurissant. Quelqu'un nous a fabriqué un coussin d'allaitement immense parce que je ne peux pas la porter. Quand je lui donne le biberon, elle est incroyablement calme. Elle est plus remuante avec sa maman. Si elle faisait ça avec moi, elle se mettrait en danger.

Paperasse

L'administratif m'a été épargné jusque-là. Je reprends la main (façon de parler) pour alléger la charge de ma compagne. Je tombe des nues, c'est le coup de massue. Au centre, j'étais dans un cocon. Là, c'est décourageant. Je suis paralysé et les démarches sont paralysantes. Tout est figé, lourd, incompréhensible. Pourquoi toutes ces questions ? On voit bien ce qui m'arrive ! Les premiers dossiers de demande d'aide et de carte de stationnement m'emmènent en Absurdie. Quand tu es tétraplégique, ça me paraît limpide. Un certificat médical dans mon dossier qui établit ce que je suis capable de faire ou pas devrait suffire. Je ne comprends pas pourquoi je dois me justifier encore et encore pour quelque chose qui est logique, arrêté et sans évolution possible.

Au lit !

À vingt-six ans, il faut se battre pour obtenir un lit médicalisé pour deux personnes. La Sécurité sociale prend en charge un lit d'une personne, te condamnant, toi, jeune homme, à dormir seul. Tu n'as plus tes bras, plus tes jambes, on te dit : « Tu te la mets derrière l'oreille et tu la fumeras plus tard. » On t'enlève la possibilité d'une vie intime, on t'interdit la douceur de dormir aux côtés de l'être aimé. Tu seras toute ta vie tout seul dans ton lit médicalisé, t'es pas mort, c'est déjà bien. Mon médecin, heureusement, prend la situation très à cœur. Il ne peut pas laisser son patient comme ça, ce n'est pas humain ! Il fait un scandale auprès de la Sécurité sociale, menace de prévenir la presse. Il doit faire jouer son réseau pour que, finalement, l'accord d'un lit médicalisé pour deux soit donné. Même sans être en couple, pour se retourner ou s'habiller dans un petit lit, c'est compliqué. Une copine a dû faire croire qu'elle était obèse pour obtenir un lit de 120 plutôt qu'un lit de 80… Quand on est à l'hôpital et qu'on a deux personnes qui s'occupent de nous, c'est gérable, mais seul à la maison… Pour la bureaucratie, la vie est reléguée au second plan, la pathologie prend toute la place. On ne considère pas la personne dans sa globalité, on la range dans une case en fonction de sa maladie ou de son handicap, c'est bien regrettable.

Loto

L'association continue de chercher des idées pour récolter des fonds. Il faut agir tant que l'engouement collectif est encore fort. Ce sentiment de solidarité va s'étioler avec le temps, c'est normal. Parmi tous les projets a germé celui d'un loto, un loisir assez prisé en Haute-Savoie. Un pompier de Saint-Jeoire, une des casernes où j'allais en renfort, organise ce genre d'événement, et possède l'expérience et le réseau. L'association prend contact avec lui. Commence alors la chasse aux dons. Ils décident de faire gagner une voiture. Ils investissent de l'argent, l'émulation est incroyable. Les lots sont offerts en échange de publicité ou vendus à petits prix : des voyages, de l'électroménager... La pression monte jusqu'au jour J. Malgré une communication conséquente, le public sera-t-il au rendez-vous dans le gymnase de Saint-Jeoire ? Les bénévoles, pour la plupart des pompiers avec leur famille, tiennent la buvette, le stand de restauration, la vente des cartons, l'accueil. La soirée arrive, le 25 novembre. On m'emmène. Les parkings de la petite commune sont déjà saturés. Grosse affluence. Dans la salle, il a fallu récupérer des tables et des chaises supplémentaires. La mezzanine est occupée alors que ce n'était pas prévu. On rajoute des tabourets partout où on peut. On comptabilisera mille deux cents personnes. De mémoire d'organisateur, on a rarement vu ça. Au début de la soirée, on me demande d'intervenir au micro. J'ai la voix qui tremble et mes larmes coulent au moment de remercier tous ces gens qui se sentent solidaires de ce qui m'arrive. Beaucoup d'émotion. C'est touchant de voir tout ce monde-là pour toi. La soirée bat son plein. À la première pause, il faut partir en catastrophe chercher du pain, le stock de nourriture a été largement sous-évalué. Une femme pompier d'Annemasse gagne la voiture. Elle porte haut et fort les couleurs de l'association, même si elle ne fait pas partie du bureau. C'est une belle récompense. Après, je suis exténué. Pour moi, physiquement et émotionnellement, c'est très intense. On reste jusqu'au

bout, jusqu'au balayage. Il est 3 ou 4 heures du matin, je n'ai pas envie de partir. Je m'attarde auprès des bénévoles, c'est un moment particulier. Certains sont en train de compter la caisse. La somme récoltée dépasse toutes les espérances… Peut-être douze ou treize mille euros. J'ai envie de partager, montrer que je suis là pendant qu'ils rangent, animer un peu, discuter avec tous… C'est tout ce que je peux faire pour les remercier. Je repars, éreinté, mais le sourire jusqu'aux oreilles. J'ai repoussé les limites de ma fatigue. Ça fait dix mois que l'accident a eu lieu. Quand je vois tout ce que ces gens mettent en œuvre pour moi, je n'ai pas envie de me plaindre, juste montrer l'image d'un mec qui se bat. C'est une façon de respecter leur dévouement, c'est important.

Stage

Juste avant Noël, je pars quinze jours en stage à Grenoble à la clinique du Grésivaudan. Le but ? Repasser le permis de conduire. J'ai hâte. Une aile complète du centre de rééducation est réservée aux blessés médullaires, comme moi. Je suis impatient de rencontrer des gens dans ma situation. Je découvre un lieu adapté où, en dehors des séances, le bien-être du patient est vraiment pris en considération. La porte d'entrée du centre, battante, reste ouverte. Si tu as envie de sortir dans la rue, aller boire un coup, tu es libre. À 18 heures, pas d'infirmière pour dire : « On vient vous mettre au lit. » Non, si tu as envie d'être debout jusqu'à 2 heures du matin, tu peux les appeler seulement à ce moment-là pour te coucher. Elles ne râlent même pas, c'est leur travail. Ici, exit le réfectoire où on m'apportait un plateau de nourriture pas bonne. De vrais cuisiniers – pas des gens qui font réchauffer des barquettes – servent des plats variés. La salle de sport est en accès libre. Je suis au paradis. On m'apporte mon planning. J'ai des séances de kiné, d'ergothérapie et de sport, rien concernant le permis. J'appelle l'ergothérapeute :

– Pourquoi je n'ai pas d'heures de conduite ? Je ne suis là que quinze jours.
– Ne vous inquiétez pas, ce sera la semaine prochaine.
Sur le coup, je l'ai un peu mauvaise. Je suis loin de ma fille et de ma compagne. Pour quelle raison ? Enchaîner les séances d'ergo et tout le reste comme à Argonay ? Au moins, là-bas, je peux rentrer tous les soirs. Pourquoi m'avoir fait venir deux semaines s'il n'y en a qu'une destinée à la conduite ? Cette contrariété passe très vite. L'ambiance dans laquelle je baigne n'y est pas étrangère. Finalement, c'est un mal pour un bien. Les kinés m'apprennent d'autres techniques pour me relever quand je suis tombé et, le plus important, je rencontre des blessés médullaires comme moi. Je croise un paraplégique, allongé à plat ventre sur un brancard équipé de grosses roues de fauteuil à l'avant.
– Pourquoi tu es comme ça ? Tu passes toute la journée dans cette position ?
– Oui, parce que j'ai une escarre aux fesses et je ne peux plus m'asseoir sur mon fauteuil. Tant que ce n'est pas résorbé, je suis allongé sur le ventre. Pour ne pas rester coincé dans ma chambre, on a bricolé ce brancard.
On échange, on partage nos techniques. Une des kinés est en couple avec un tétraplégique C6/C7, comme moi. Je ne me fais pas prier pour le rencontrer. Sébastien, handicapé depuis l'âge de dix-sept ans, arrive au centre au volant de sa 206. Il sort son fauteuil tout seul. Je suis estomaqué par son autonomie. Il me raconte son métier d'informaticien qu'il exerce grâce à un ordinateur adapté. On discute de son parcours de soins, il me donne de précieux conseils. Je bois ses paroles. Au moment de repartir, il démonte son fauteuil et le pose à côté de lui dans la voiture.
– Si ça se trouve, je pourrais faire pareil.
– Moi je ne te le conseille pas. Si tu peux, opte pour un système où ton fauteuil se charge tout seul. Moi, ça fait quinze ans, j'ai des épaules en plastique. C'est épuisant…
Grâce à lui, j'ai été plus avisé au moment de choisir mon équipement. Les thérapeutes ont plein de choses à transmettre, mais rien ne vaut l'expérience des

personnes qui ont la même pathologie. On peut s'échanger des tuyaux qui n'ont pas de prix. Sébastien pratique le rugby-fauteuil à Grenoble. Il fait des passages en équipe de France. Notre rencontre m'ouvre le champ des possibles et laisse entrevoir une mission : transmettre à mon tour. Ça étaye mon projet de parler du handicap aux autres. La deuxième semaine arrive et avec elle mon cours, dans un véhicule adapté pour la conduite de tétraplégique. On m'installe dans un fauteuil électrique. Il rentre par l'arrière d'une voiture sans siège conducteur et vient se clipser au niveau du volant. On m'explique comment fonctionnent les équipements, et nous voilà partis pour deux heures. La conduite, c'est comme le vélo, ça ne s'oublie pas. Même sans les pieds. Avec une main, je tiens une fourche pour tourner le volant. Avec l'autre, une poignée me permet d'accélérer quand je la baisse, de freiner quand je la pousse. Dans ce véhicule ultra-équipé, les commandes vocales déclenchent le clignotant, les phares, le klaxon… Sur le coup, c'est marrant. Au bout de deux minutes, c'est moins drôle. Tu es tout le temps en train de dire : « Allumer clignotant droit, éteindre clignotant… » Sans parler des ronds-points ! Il faut faire attention à ce qu'on dit, parce que si j'ai une conversation avec le moniteur où j'utilise le mot klaxon, ce dernier se déclenche. Quel sketch ! À côté de ça, je suis assez à l'aise. J'avais l'habitude, avec mon métier, de conduire des gros camions, la grande échelle… Ce n'est pas une petite voiture qui me fait peur… J'ai conduit beaucoup de véhicules et dans l'urgence. Je n'ai pas de difficulté et je me familiarise très vite avec ce nouvel outil. On retourne à notre point de départ. Là, un monsieur nous attend. Il monte dans la voiture.
– Qu'est-ce qu'on fait ?
– Eh bien, on va aller passer l'examen.
– Mais je n'ai conduit qu'une heure et demie ! Moi je suis venu là pour des cours, on ne fait que commencer.
– Ne vous inquiétez pas, c'est normal.
En fait, j'ai déjà le permis, je n'ai pas besoin de le repasser, il faut simplement valider ma capacité à me servir de ce matériel. Au départ, je stresse un peu.

Je bascule en mode « examen », vérifie cinquante fois dans mes rétroviseurs. Et puis on part, et ça se passe très bien. L'examinateur n'est pas là pour me chercher des noises. À l'issue du tour, il commente :
– Félicitations monsieur, je vous fais les documents et vous allez avoir votre permis à nouveau.

Jeune et sportif

Un dernier point sur mon séjour à Grenoble. Je pratique plein de sports différents ; je découvre de nouvelles façons d'attacher les gants pour le ping-pong ; on me fait faire du roller-hockey et d'autres sports collectifs. Non seulement on passe nos journées ensemble, mais on se retrouve également le soir. L'organisation, ici, tient compte de tes aspirations à vingt-sept ans. Tu n'es pas qu'un patient, tu es aussi un jeune. C'est une bouffée d'oxygène. On peut se poser la question : pourquoi quinze jours pour deux heures de conduite ? Je crois que c'était une volonté de la part du corps médical de m'extraire du confort dans lequel j'étais pour voir ce qui se passe ailleurs et redonner un élan à la rééducation. C'est très important. Grâce à la sécurité sociale, tous les ans, tu peux faire des stages dans un centre. Moi j'ai réussi à instaurer une routine et je n'en ai pas réellement besoin, mais pour certains, ça peut être l'occasion d'une stimulation bénéfique.
Le 7 mars 2013, je parviens, non sans mal, à accepter une proposition pour aller skier. Il a fallu déployer des trésors de douceur pour rassurer mon entourage inquiet. Pour moi, la peur n'évite pas le danger. Ce qui m'est arrivé aurait pu se produire sur la route, en service. Si le ski m'a mis dans un fauteuil, je ne lui en veux pas pour autant. J'aime la neige et la montagne, j'ai envie d'y retourner. Un collègue, pompier infirmier, a l'habitude d'emmener des personnes en situation de handicap sur les pistes. Me voilà en station avec un autre ami, harnaché dans une sorte de siège baquet, les jambes tendues devant. Attaché

et surtout très couvert, à cause du dysfonctionnement de ma thermorégulation. Au début, ça fait un peu peur. Sur le télésiège, je n'ai pas de repère. Je suis obligé de faire entièrement confiance à mon coéquipier, je ne contrôle rien. S'il tombe ou a un problème, je tombe avec. D'abord, il va doucement, pour me rassurer, ne pas me secouer. Très vite, il comprend qu'il faut « envoyer ». Le vent sur mon visage, la vitesse, retrouver cette sensation de glisse ! Ah, même si ce n'est pas toi qui gères, c'est extraordinaire. Le midi, ils me sortent du tandem, on va dans un restaurant d'altitude. Une sortie entre potes ! On mange notre tartiflette, on sirote une bière. On skie toute l'après-midi. Hervé pilote le tandem, Vuvu glisse à côté. Ils sont doués, on fait des trucs ! Si mes proches avaient su ou vu une vidéo, ils m'auraient dit : « Tu es un grand malade ! » Hervé voit que je prends du plaisir : « J'ai des projets avec le tandem, est-ce que ça te dirait de descendre un versant du Mont Blanc ? » Forcément, sur le moment, ça me fait rêver. Ça restera à l'état de projet, car il suggère aussi : « Pourquoi tu n'essayerais pas tout seul ? » Et une fois que j'ai goûté à l'autonomie, le tandem ne m'intéresse plus. Je ne veux plus être spectateur, je veux être acteur. Pour ceux qui n'ont pas le choix, c'est génial, moi j'aspire à autre chose.

Tu peux ou tu peux pas

28 mars, c'est le dernier jour au centre, la fin de la rééducation, en concertation avec les médecins. Leur rôle est de te relâcher dans la nature une fois que tu peux vivre chez toi. Toute la dernière semaine, je suis nostalgique. Ces gens font partie de ma vie depuis un an et quelques mois, c'est difficile de se dire au revoir. Ils m'ont vu progresser tous les jours, ils ont été là dans les bons et les mauvais moments. Je pars triste, même si on se dit : « On se reverra »...
Déjà, depuis le retour de Grenoble, je vis une période transitionnelle. Je ne passe plus que deux ou trois jours hebdomadaires au centre. J'ai voulu de toutes mes

forces rentrer chez moi. Mais quand j'y suis, tout n'est pas rose. Le seuil en caoutchouc de la porte m'empêche de passer, je n'arrive pas à lever les roues. Je n'ose pas sortir. Les journées sont interminables ; je culpabilise beaucoup de ne rien faire. Regarder la télé, réchauffer les plats préparés pour moi la veille, faire du sport, finalement tourner en rond… Je ne peux même pas garder ma fille. Et le reste n'avance pas assez vite. Pour mon boulot, les démarches sont très longues. Ma voiture est arrivée au garage, il faut maintenant qu'elle passe dans les mains de l'équipementier. Je ne manie pas mon téléphone assez bien pour pouvoir faire des vidéos. Il y a beaucoup de « je ne peux pas ». Comment je concilie tout ça dans ma tête avec : garder le moral ? Qu'est-ce que j'ai appris au centre ? Je suis chez moi, je ne sais plus rien faire. Je ne dois pas me laisser aller. J'ai peur de ne pas pouvoir franchir le seuil au retour de promenade ? Pas grave, j'y vais ; au pire, j'ai des voisins, je sonnerai, je ne vais pas mourir. Je sors, j'essaye de rentrer, je n'y arrive pas. J'essaye encore et encore et encore. Je recule, je réessaye jusqu'à ce que j'y arrive. En fait, tout va être comme ça. Tu vas rencontrer des difficultés quotidiennes, des obstacles auxquels tu n'avais pas pensé. Peut-être que tu y arriveras du premier coup, peut-être pas, mais il va falloir bosser. Des choses qui étaient innées ne le sont plus en fauteuil, il faut gérer cet écueil, une difficulté à laquelle tu n'as jamais été confronté.

Le Tupperware du frigo me sort par les yeux. J'en ai marre. Je n'ai pas envie de manger les restes de la veille au soir. Je me lance. Soulever la casserole, la faire glisser, verser de l'eau, cuire les nouilles, vider l'eau sans me brûler… Des pâtes, c'est franchement simple ! Mais quand tu n'as pas tes mains, tout est compliqué. Les boutons de la gazinière et tout le reste. Une fois que tu as identifié tes manques, c'est difficile, mais tu t'entraînes. Chaque avancée est une grande victoire et j'en vis tous les jours. J'essaye de me rendre utile Ça fait plaisir, quand tu rentres le soir, de voir que l'aspirateur a été passé. Ma compagne est bien assez confrontée à mes difficultés sans que je lui fasse part en plus de mes états d'âme. J'ai plutôt envie de lui faire découvrir mes progrès.

Rouler

La voiture est enfin revenue chez le concessionnaire début juin. Je suis impatient de découvrir le gros joujou. Le vendeur me met en garde : « Ne faites pas trop de route, il faut vous habituer. » J'arrive au garage en tant que passager, je repars en tant que conducteur. Autant dire qu'on ne rentre pas tout de suite à la maison. On passe déposer l'autre voiture puis on roule et on fait la tournée des popotes. Deux jours après, je pars en Touraine. J'avale mille cinq cents kilomètres en une semaine… Après cette immobilisation longue, retrouver ma liberté de mouvement, quelle émotion ! Identique à celle éprouvée étudiant quand ma mère était venue me chercher à Bordeaux. On se retrouve à la gare, moi revenant de l'IUT avec mes sacs, elle au volant du break sept places, une épave, un truc pourri. Elle sort, fait le tour de la voiture, s'assied côté passager et annonce : « Ce soir, c'est toi qui me ramènes. » Elle a reçu le courrier disant que j'ai mon permis et elle ne me l'a pas dit ! Après un retour sans encombre, elle me tend les clés et ajoute : « Tiens, c'est ta voiture pour la soirée. » J'ai roulé des kilomètres, suis allé fêter ça avec des copains. J'ai dormi dans la voiture sur le parking de la boîte parce qu'on avait trop bu. Cette fois, l'ivresse n'est pas la même, la sensation, elle, est similaire.

Sans véhicule, tu ne peux rien faire. Ma voiture me permet de reprendre mon indépendance. Mon nouveau boulot ? Faire les courses. Dans la vie ordinaire, les courses, il faut bien l'avouer, c'est un peu la corvée. Sauf que quand tu retrouves ton autonomie, je peux te jurer que même s'il manque un petit truc, je m'écrie : « T'inquiète pas, je vais au supermarché ! » J'ai tellement de plaisir à me balader tout seul, à arpenter la galerie marchande. Évidemment, je ne peux pas pousser le caddie. Je cale un panier sur mes jambes. Pour les gros achats, j'ai recours au « drive » ; les employés chargent les sacs dans le coffre et au retour, mes aides à domicile prêtent main-forte.

Activité physique

Mis à part le travail, je reprends ma place grâce à la voiture. C'est une période propice à faire plein de choses. On me propose des loisirs, comme la natation, l'handivoile sur le lac Léman avec un bateau qui a participé aux Jeux paralympiques. Je vole en parapente dans la vallée de l'Arve. J'en ai fait auparavant, cela me plaisait beaucoup, j'étais décidé à passer mes diplômes. Cette fois, je saute en double avec un fauteuil spécifique, une roue devant, deux roues derrière. Au bord de la piste, mes proches sont un peu stressés quand ils voient mon fauteuil balancer dans le vide ! Bien installé, je redécouvre la légèreté et le plaisir de la hauteur. Même si je ne gère pas les suspentes (les fils du parapente), je me retrouve dans une position agréable, où le handicap ne m'empêche pas… Je me suis mis en tête que rien ne m'arrêterait et je vois que c'est possible. Ça fait du bien, ça me conforte dans l'état d'esprit que j'ai décidé d'adopter. Je confronte mon fantasme de sport à la réalité et il se trouve que ça matche. Mes pensées ne resteront pas des rêves, je concrétise ce à quoi j'aspire depuis que je suis en rééducation. Je fais des sorties vélo, pour mon loisir, mais je suis assez limité en raison des grosses dénivellations autour de chez moi, de la qualité moyenne de mon matériel et du fait que mon accident est encore assez récent. Je n'ai pas d'assistance électrique. Je pars du principe que je fais du sport pour en chier, mais là, c'est trop. Le vélo se démonte, je peux aller un peu en plaine ou sur des pistes cyclables. Je fais des sorties avec d'autres personnes en situation de handicap, mais aussi avec de grands sportifs et des amis pompiers. Je me souviens d'une sortie à Bonneville avec Élise, une tétraplégique, comme moi, et plusieurs autres accompagnateurs. Un très bon moment. Pas de limite, on s'éclate, on oublie tout, on est un sportif lambda. Dans la vie de tous les jours, pour la plupart, se déplacer à vélo, c'est normal. On l'utilise pour aller travailler ou faire des sorties avec les enfants. Pour moi, cet acte banal prend une autre dimension. Chaque balade nécessite une

logistique lourde. Il faut anticiper le moindre problème mécanique ou physique. Ça ne se prépare pas en cinq minutes. Alors je savoure encore plus le moment parce que je sais l'effort qu'il a fallu fournir pour que ça puisse avoir lieu. Quand tu es valide, ce sont des moments simples auxquels tu ne fais plus attention…

Je fais l'essai d'un fauteuil tout-terrain, équipé d'un moteur. Il vaut un peu plus de dix mille euros, une fortune. Le bureau valide l'achat. Sans support associatif, impossible de faire une telle acquisition. Je peux me transférer seul dedans, donc je l'utilise assez souvent. Dans les premiers temps, je reste sur des petits sentiers par peur de me retourner ou de tomber en panne. Plus tard, je prends de l'assurance et m'aventure dans des endroits moins accessibles. Ça m'arrive de serrer un peu les fesses, jusqu'au jour où serrer les fesses ne suffit pas. Me voilà en pente, sur un petit sentier cabossé par des racines d'arbre. Mes mains ne sont pas attachées, j'ai des poignées spéciales. Ça secoue beaucoup. Une main saute, automatiquement, l'accélération s'arrête, mon fauteuil stoppe. Il faut redémarrer. Mes roues sont bloquées dans une racine et le terrain est escarpé. Impossible d'avancer. Je tente prudemment de reculer, il ne faudrait pas risquer de se renverser. Je lâche un peu le frein, mon fauteuil commence à tourner et je me retrouve à la perpendiculaire. Plus moyen de manœuvrer, je suis bloqué dans cette pente au milieu de nulle part. Je suis parti sans mon téléphone par crainte de le perdre. C'est la dernière fois que je fais ça ! J'essaye de faire tout ce que je peux pour m'en sortir tout seul. Je ne voudrais pas vivre cette sortie comme un échec, à un moment où j'ai la volonté farouche de montrer que je suis autonome. Coup de bol, un type passe plus loin en courant. Il me tourne le dos, les écouteurs dans les oreilles. Je panique parce qu'il ne s'arrête pas à mon appel. Alors, je hurle. Il sursaute et se retourne. « Désolé, je ne voulais pas vous faire peur ! » Il me sort de là. Je respire. Je ne fais pas le fier et quand je rentre chez moi, je ne le dis pas, ça reste mon secret.

La plage

Pour nos premières vacances d'été après l'accident, on part à Théoule-sur-Mer, dans une location adaptée. On découvre la plage aménagée de Cannes, Bijou Plage. À mes yeux, aujourd'hui, en France, et parmi celles que j'ai testées depuis, c'est la meilleure. Je rencontre des moniteurs empathiques. Leur attitude va au-delà de la conscience professionnelle. Ils prennent le temps, discutent, vérifient que tu ne manques de rien. Tu n'es pas un bout de viande. Je goûte au plaisir de retrouver l'eau, ma fille installée avec moi dans un fauteuil dédié à la baignade. Sur la plage, des transats adaptés, sur lesquels je peux me transférer, me permettent de jouer dans le sable avec elle.

La reprise du travail

Désormais, en ligne de mire, le retour au travail. Je reviendrai plus longuement plus loin sur la question de la vie professionnelle, mais la « reprise » est une étape importante. Je peux me déplacer tout seul, aller voir les collègues à la caserne. L'assistante sociale, extraordinaire, fait venir un ergonome pour étudier le matériel et les locaux afin de m'offrir ce qu'il y a de mieux par rapport à mon handicap. Je vais plusieurs fois sur place pour effectuer des tests, et on affine. Il n'y a pas moins de quatre comités différents qui statuent sur mon sort pour valider mon incapacité à rester pompier et mon aptitude à devenir assistant technique et administratif au sein de cette corporation. Je reprends à mi-temps thérapeutique le 13 décembre 2013 pour une année. J'ai accepté un poste au service prévision du groupement du Genevois. On supervise ce qui est mis à la disposition des pompiers quand un accident est survenu. Mon rôle, par exemple, consiste à gérer les poteaux d'incendie. Rentrer les valeurs récupérées sur les lieux, anomalies, débit, etc. Je m'occupe un peu des plans cartographiques.

Un de mes collègues, dessinateur informatique, est sur le départ. On m'apprend les bases du logiciel de dessin sur lequel il travaille. Donc, en plus du reste, je me retrouve à dessiner des plans sur un logiciel d'architecte, et cela me plaît beaucoup. Au groupement du Genevois, les secrétaires, les officiers, sont pour la plupart membres de l'association. Ils sont ma famille de cœur. L'environnement est très confortable, l'ambiance incroyable. On se surnomme « Les Zinzins du GGE » ! Le groupement se trouvant au-dessus de la caserne d'Annemasse, je descends parfois au foyer boire un café. On se voit au travail, mais on passe également de merveilleuses soirées tous ensemble. Ce sont des personnes avec lesquelles j'ai encore beaucoup de contacts.

La séparation

En juin 2015 arrive ce qui peut arriver dans n'importe quel couple ; des tensions et l'usure du quotidien mènent à la décision d'une rupture. Il est important de dire que le handicap n'est pas la cause de la séparation. Si ça avait été le cas, on l'aurait fait bien plus tôt. Ce sont les premiers instants du handicap qui sont difficiles, le retour à la maison… Trois ans après, le plus dur est passé. Les écueils de ma nouvelle peau d'homme et de père sont derrière moi. La routine a été adaptée, on s'y est habitué en famille. Il n'y a pas d'élément déclencheur ni de raison particulière, on ne voyait juste plus la vie de la même façon. Assez rapidement se posent plusieurs questions. Luna entre à l'école en septembre. Est-ce qu'on reste ici ? Est-ce qu'on déménage ? Nos familles respectives sont en Touraine, mon autonomie est relative. Décision est prise de repartir là-bas. J'accuse le coup. Sentiment d'abandonner une région qui m'a tout pris, mais aussi tout donné.

Leçon de vie

J'avais vu le film *Intouchables* avant mon accident. Je l'ai visionné avec mon nouveau regard. Je ne me lasse pas de le revoir. J'ai aussi lu la vraie histoire du personnage, Philippe Pozzo di Borgo, et son livre suivant, où il relate les répercussions du film… J'adore la façon dont est maniée la dérision. Le spectateur entre dans l'intimité d'une personne en situation de handicap sans jamais être voyeur. Pour la première fois au cinéma, il est question de la façon dont un tétraplégique va aux toilettes. Oui, il faut y aller avec la main. Vous avez dit ça dans un long-métrage vu par vingt millions de personnes ? C'est fabuleux ! Ce film, c'est un chef-d'œuvre, les réalisateurs des génies. Et cet humour que j'idolâtre ! Ça m'a conforté dans la gestion de mon handicap. J'ai totalement adhéré. C'est comme ça que je veux être et vivre.

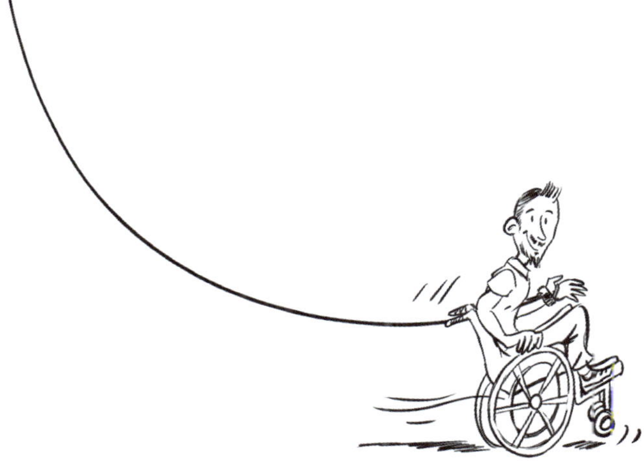

21 films (je sais, ça fait beaucoup, mais ça vaut la peine) et 4 séries à ne pas manquer, dans lesquels il est question du handicap.

Films :

Au bout de nos forces
The fundamentals of caring
Patient
De rouille et d'os
The sessions
Sauver ou périr
Avant toi
Le scaphandre et le papillon
Kugostaki Mucize
Rain man
Le huitième jour
La famille bélier
Hors norme
Intouchables
Cavalcade
Tout le monde debout
Penguin bloom
Au-dessus des nuages
Apprendre à t'aimer
J'irai au bout de mes rêves
Handigang (à venir en 2022 où je fais une apparition)

Séries :

Sex éducation
Spécial
Atypical
Vestiaire

Toi qui intrigues autant que tu fais peur,
Toi qui détruis autant que tu façonnes et construis…
Toi qui tues un homme autant que tu lui permets une renaissance…
Toi qui m'exclus autant que tu me rends fascinant,
Toi qui m'as figé autant que tu m'as permis de m'élever,
Toi qui m'as tout pris mais finalement pour m'offrir autant, voire plus.
Toi qui me fais vivre des moments difficiles autant que des instants de bonheur…
Toi qui fais de moi un être avec des faiblesses cachées sous une apparence de force…
Toi qui m'isoles autant que tu me sociabilises et m'ouvres aux autres,
Toi qui as éteint mes ambitions pour me donner d'autres rêves…
Toi qui m'as privé de petits plaisirs autant que tu m'as fait découvrir d'autres bonheurs…
Toi qui m'as offert les plus belles des rencontres et bien d'autres encore…
Toi qui m'as privé du métier où l'on se met au service des autres, mais qui m'as montré que je pouvais continuer à faire du bien même assis…

Toi mon handicap, je t'emmerde autant que je te remercie.

Deuxième partie

Roro le Costaud

Ce qui manque le plus n'est pas toujours ce qui paraît le plus évident

Ce qui doit te manquer le plus, c'est de ne pas marcher !
Eh bien, détrompe-toi, absolument pas… Il existerait tellement de choses que j'aimerais refaire avant de marcher !

En se réveillant dans la peau d'un handicapé,
On découvre une tout autre réalité.
Celle d'un homme allongé dans son lit,
Dont l'unique rêve est de retrouver son autonomie.

C'est ce qu'il y a de plus dur à accepter :
Demander en permanence aux autres de nous aider.
Perdre l'autonomie, c'est ranger sa fierté,
Je ne les compte plus les « s'il vous plaît ».

C'est compliqué à avaler,
Demander de l'aide, on se sent gêné,
Peur d'abuser ou de déranger,
Mais voyons, ne le ferais-tu pas, si les rôles étaient inversés ?

Moi aussi je m'en suis voulu,
Pendant très longtemps je l'ai mal vécu,
Mais dorénavant lorsque j'ai besoin,
Je n'hésite pas à solliciter un coup de main.

Je vous remercie tous autour de moi,
Ceux qui un jour m'ont tendu la main.
Que je vous l'aie demandé ou pas, alors que j'en avais besoin,
Grâce à vous, je vis normalement et je sais ce que je vous dois.

N'aie pas honte, que tu sois handicapé ou pas, on peut tous un jour avoir besoin d'aide. L'accepter, ce n'est pas se rabaisser ; l'accepter, c'est une belle preuve de courage, celui de reconnaître ses limites lorsque individuellement on a tout essayé.

SPINERGY

L'autonomie

L'autonomie, la vraie, se construit en sortant de la rééducation, au retour à la maison. Au départ, très honnêtement, tu es loin d'imaginer tout ce dont tu es capable. Tu sors d'une prison dorée où, quand tu ne peux pas faire quelque chose, tu appuies sur un bouton et on vient le faire pour toi. Pourtant, le propre de l'homme, c'est d'être autonome. Dépendre des autres ? Au fond, personne ne désire ça. Pendant un an et demi, tu as été assisté, rasé, nourri, lavé. Désormais, tu n'aspires qu'à une chose : faire seul ! L'autonomie commence grâce à ce coup de pied au cul que tu te mets, quand tu te dis : « J'en ai marre qu'on fasse les choses pour moi. Ça va me prendre plus de temps, mais laissez-moi faire ! »

À la maison

Prenons, par exemple, les repas. Quand j'étais au centre, on m'a demandé de préparer une tartiflette. On était deux tétraplégiques et une paraplégique. À ce moment-là, les outils dont je dispose ne sont pas adaptés, c'est de la bidouille. Éplucher des pommes de terre dans ces conditions relève du calvaire. Je ne prends aucun plaisir et je renonce. Je ne souhaite pas renouveler l'expérience. Je ne suis pas prêt, je me braque. Le bricolage a ses limites. Quand ça coince au niveau de l'ergonomie, que je n'y arrive pas, ça m'agace, je suis humain. Au terme de cette expérience, j'ai eu du mal à me dire : « Je vais être capable de me faire à manger tout seul. » De la réussite ou l'échec d'un tel objectif de rééducation peut découler un sentiment d'incapacité. Cette grande frustration perdure à tel point qu'à l'époque, ça me freine considérablement. Le moindre obstacle fait reculer la volonté. Et puis un jour, à la place de « Tu n'es pas capable », une autre phrase prend le dessus : « Est-ce que tu vas accepter encore longtemps de manger tous les midis les restes du repas préparé pour toi la veille, ou est-ce que, au bout d'un moment, tu ne vas pas réussir à te débrouiller tout seul et à te dire : hop, ce midi, je me fais à manger ? » Le ras-le-bol du manque

d'autonomie pousse à se dépasser. La poêle ? Je ne peux pas tenir la queue mais il y a un trou au bout. Je mets le doigt dedans, je secoue ; ça, je peux le faire. Est-ce que je peux couper ? C'est compliqué quand la viande est cuite. Si je la coupais avant, elle serait déjà en morceaux. Attends ! Je n'ai pas de couteau adapté. Au départ, j'ai une attelle avec une matière thermoformable, mais la lame n'est pas bien positionnée. Parfois, quand je coupe, je me coupe la peau des doigts, et je ne sens pas… C'est une boucherie, ça ne va pas… Je vais voir sur internet, je trouve exactement ce qu'il me faut, un manchon avec un couteau mis au point par un tétraplégique. Je commande. J'ai enfin la capacité de couper les aliments et de préparer un repas en toute sécurité, le plaisir en plus. D'où l'importance des réseaux, pour moi aussi, au départ. Maintenant, la tartiflette, je la fais les doigts dans le nez.

Sonde

L'autonomie, je me répète, est un long chemin. Au niveau urinaire, j'ai d'abord ma sonde à demeure. On me propose ensuite des sondages intermittents par voie naturelle. Pas de chance, j'ai un sphincter spastique. Je n'arrive pas à passer, mes infirmières non plus, et le risque est de finir en globe[1]. Je subis plusieurs interventions peu concluantes. À mon retour à la maison, le soir, il me faut de l'aide pour le coucher, je ne peux pas changer ma poche urinaire. Je me démène pour améliorer mon autonomie et on vient me mettre au lit à 20 heures. Souvent avant ma fille. Je suis donc coupé de ma famille qui ne peut pas passer ses soirées dans la chambre avec moi. Une des solutions les plus lourdes est une intervention chirurgicale, une dérivation urinaire de type Mitrofanoff. Après plusieurs années de tâtonnement, je me fais opérer. On utilise l'appendice ou un bout de colon

1. Le globe vésical est un défaut de vidange de la vessie. Il peut entraîner des douleurs vives ou, s'il est chronique, être indolore et provoquer des infections urinaires.

pour créer un canal destiné à l'évacuation des urines, avec une ouverture au niveau du ventre, dans le nombril, ou à côté. On sonde ensuite par intermittence grâce à ce petit trou. Ce changement est un rêve pour moi. Fini la poche le long de la jambe, cette fausse vessie qu'on ne voit pas se remplir et qui fuit. Désormais, je me sonde toutes les six heures environ ou quand mon corps manifeste. Au fil du temps, j'ai identifié les signaux d'alerte comme des frissons ou les mains froides. Lorsque je fais du sport ou pendant les fortes chaleurs, je sonde plus souvent. Je ne transpire plus, l'évacuation des toxines se fait donc au niveau urinaire. Il faut éviter la stagnation, car le risque de prolifération des bactéries et d'infection est important. Attendre trop longtemps pour sonder, c'est prendre le risque que la vessie déborde. J'ai appris à me connaître et à ajuster. Cette opération a été une délivrance. Mais attention, j'ai eu plus mal après l'intervention que dans n'importe quel moment de ma rééducation. Ma convalescence en postopératoire a duré quatre ou cinq mois. J'ai dû repasser sur le billard suite à des complications et j'ai éprouvé des douleurs que j'espère ne jamais revivre. Je suis passé par des moments très sombres. Les médicaments, la morphine, rien ne m'apaisait. J'ai alors mesuré comment la souffrance peut pousser l'humain dans ses derniers retranchements. Mon père, acculé par les douleurs intolérables de son cancer, s'est suicidé quand j'avais dix-sept ans. J'ai mis beaucoup de temps à comprendre. Même au plus bas, je n'ai jamais envisagé de passer à l'acte. Traverser l'épreuve de la douleur m'a pourtant fait toucher du doigt une forme de détresse et admettre que, avec des conditions de vie difficiles, sans le soutien d'un entourage exceptionnel, certains puissent faire des choix qui ne me parlent pas, à première vue. Ne pas juger l'autre, car on n'est pas dans sa peau. Je me suis accroché, et du jour où j'ai pu me sonder seul, ça a été une libération, un événement essentiel dans la gestion de mon handicap. Redevenir autonome, pouvoir m'habiller comme je voulais, mettre des shorts, partir sans me soucier de ma poche. J'ai retrouvé aussi le bonheur de dormir la nuit. Eh oui ! Parce qu'au début, tu branches une alarme en pleine nuit si tu ne veux pas te réveiller dans une piscine le lendemain matin. Me passer des « personnes du soir » a été un grand pas.

How do you do ?

Au début, pour les selles, il y a cette routine qu'on a essayé de mettre en place en rééducation. C'est décourageant, tu es emmerdé en permanence. À la maison dans ma jeunesse, quand il fallait débarrasser la table, je partais aux toilettes. Mes parents ont toujours pensé que je faisais ça pour échapper à la corvée. Mais pas du tout ! J'avais vraiment besoin d'aller aux toilettes. J'y allais facilement trois ou quatre fois par jour. Quand le médecin du centre m'annonce qu'on va habituer mon corps à aller à la selle une fois toutes les vingt-quatre heures, voire quarante-huit heures… Je pense : « Mission impossible ! » Finalement si, c'est possible, j'applique encore ce système à l'heure actuelle. En rééducation, ça ne fonctionnait pas très bien. Je l'ai déjà évoqué, notre corps n'expulsant plus naturellement, il faut l'aider. Après différents essais, j'ai adopté le système Peristeen, un lavement à l'eau, dont l'avantage est de ne pas être invasif. Là aussi, il existe des interventions chirurgicales. L'une d'elles consiste à pratiquer la même chose que ce que j'ai au niveau urinaire, un petit canal permettant d'envoyer l'eau du lavement du haut vers le bas du colon, ce qui est plus confortable et va dans le sens naturel. Une autre propose la pose d'un boîtier sophistiqué qui prend le relais de la moelle épinière. Interventions lourdes ou pour lesquelles je n'étais pas éligible. J'ai lâché l'affaire et habitué mon corps petit à petit. Ça a pris beaucoup de temps, mais, tu t'en doutes, la précision n'est pas constante et il y a beaucoup de galères. Pas besoin d'être en fauteuil roulant pour attraper une gastro-entérite ou souffrir d'intoxication alimentaire. Et là, ça dérègle tout. Les gens n'imaginent pas ce que ça représente. C'est très compliqué à gérer. À ce moment-là, tu mets ta dignité de côté. Livrer cette partie très intime n'est pas simple. J'ai effleuré le sujet dans

certaines de mes publications. En privé, le jour où j'ai exprimé mon ressenti, ça a été une libération, pour moi et mon entourage. Je relativise sur beaucoup de choses, mais là, tu es réduit à l'état de nourrisson. Oui, comme un enfant, ça m'arrive de me faire dessus. Je pense que c'est ce qui fait souffrir le plus grand nombre de blessés médullaires et freine leur capacité à envisager des activités en société. Il faut tout anticiper. Limiter les risques en surveillant ce qu'on mange ou boit. Baliser les sorties en vérifiant la présence de toilettes publiques accessibles. Quand je vais à Paris pour la journée, par exemple, au moindre doute, je ne prends pas de risque. Je mets une protection pour acheter ma tranquillité. Ça me permet de parer à toute éventualité et m'apporte une forme de sérénité. Sinon, je peux vite me retrouver dans la merde. Ces problèmes conditionnent mes transports. Avant, dans le taxi, je me transférais sur le siège passager. Maintenant, je demande un véhicule où je peux rester dans mon fauteuil. S'il m'arrive un pépin, je reste dans ma galère sans que personne s'en aperçoive. J'ai récemment reçu le témoignage d'une femme en fauteuil. Elle m'a vu lors de mon passage sur le Tour du France et a commenté ma capacité à participer à un tel événement : « Ça donne envie, mais j'aurais trop peur d'avoir un problème. » Les personnes gravitant dans le monde du handicap savent ce que représente le mot « problème », mais les gens de l'extérieur l'ignorent et, quoi qu'il en soit, un incident de cet ordre reste dégradant… C'est sale, oui, mais tu n'y es pour rien. Au départ, tu t'en veux. « Pourquoi j'ai mangé ça ? Je n'aurais pas dû. » Ensuite tu hésites, ce n'est peut-être pas à cause de cet aliment-là. Ne culpabilise pas, ton corps est ce qu'il est. On ne peut pas tout s'interdire ni faire comme si de rien n'était. Il faut trouver l'équilibre. J'adore le café, mais c'est laxatif, je n'en bois pas. Pas plus que je ne mange d'œufs sur plat, dont je raffole, mais qui détraquent mes intestins. Je ne vais pas me tirer une balle dans le pied (même si je ne sens pas)… Dans la balance des bénéfices et des risques, entre le plaisir procuré par une certaine nourriture et les conséquences possibles, mon choix est vite fait. Si j'ai un doute, je m'abstiens. Je suis un grand fan de tomates en salade. Malheureusement, depuis quelque temps, j'ai l'impression que ça ne me réussit pas. Je vais être malheureux, mais je préfère arrêter d'en manger plutôt que d'assumer des désagréments. Il faut savoir écouter les réactions de son corps pour éviter les désordres.

Les autres et moi

Si je me repose en permanence sur les autres, que j'en attends beaucoup ou que je les écoute trop, je ne progresse pas. C'est une démarche personnelle, un subtil dosage. Autour de toi, les proches, avec une bienveillance extrême, interviennent en pensant : « Ça va le soulager, ça va lui éviter de le faire. » Or, je l'ai déjà souligné, je veux faire tout seul ! C'est compliqué de dire non à quelqu'un qui t'aime et te voit en difficulté. Il a naturellement envie de t'aider. Ce n'est pas facile de lui faire comprendre ta démarche et accepter qu'une tâche simple te prenne dix fois plus de temps que si c'est lui qui l'accomplit. Si finalement tu échoues, il pourra t'aider. Si tu réussis, tu auras la fierté d'y être arrivé seul. Et dès lors que tu as réussi, tu sais comment tu t'y es pris et ce que tu peux améliorer la prochaine fois pour aller plus vite. Ce geste que tu viens d'apprendre deviendra naturel dans ta nouvelle disposition anatomique.

Quotidiennement, quand je suis seul dans ma voiture, des gens m'abordent : « Est-ce que je peux vous aider ? » Je réponds le plus gentiment du monde par la négative. Si le mec à qui tu viens proposer un coup de main t'envoie balader, c'est que c'est un con. Chez les handicapés aussi il y a des cons, des gros cons même. Comme partout.

L'histoire de ma vie

Quand tu as un copain tétraplégique, évite de lui dire : « Bouge pas, je vais chercher un truc et je reviens... » Ne t'inquiète pas, pas bouger, il sait très bien le faire !

À l'inverse, quand je dis non, c'est non. Certains insistent : « Mais si, je vais vous monter votre fauteuil ! – Ben non, j'ai dit non. Si j'ai besoin, je te dirai oui ! » Chaque personne en situation de handicap régule le curseur de son autonomie. Tous les matins, mon aide à domicile me décharge d'une partie du travail. Je ne me repose pas sur elle juste pour dire : « Allez, je ne m'emmerde pas. » J'entretiens ma maison et réalise les tâches quotidiennes de n'importe quel adulte dans son cocon familial. Mais je délègue quand c'est trop chronophage ou difficile. Ça me permet d'être plus efficace sur un autre point dans une vie déjà bien remplie.

Système D

Il m'arrive de rencontrer un obstacle sur une nouvelle tâche. Si le problème est physique, les choses ne peuvent pas évoluer grandement. Je ne suis pas magicien. Si le problème est technique, je dois faire preuve d'ingéniosité et d'inventivité. Imaginons que je veuille pratiquer du sport dans une salle de musculation. Ai-je la possibilité d'utiliser tous les appareils ? La réponse est non. Peut-on faire évoluer le matériel sur place ? C'est compliqué. À moi de trouver un subterfuge et là : merci internet et merci l'international. Et si je ne trouve pas, est-ce que je ne peux pas inventer, bidouiller un système pour obtenir ce que je recherche ? Dans mon quotidien, ça se passe comme ça. À la salle de sport, je ne pouvais rien faire. On est allé voir sur internet, on y a trouvé les gants de préhension qui viennent refermer ma main sur une barre, un marteau. Grâce à ces gants, j'ai pu faire de la musculation, attraper le guidon de mon vélo. Le petit outil qui te change la vie augmente considérablement ton crédit d'autonomie ! Un objet acheté pour une fonction peut servir à une multitude d'autres actions. Les bracelets métacarpiens, attelles utilisées pour fixer mes couverts, sont utiles pour recevoir un crayon, un rasoir ou encore une brosse à dents.

Je suis quelqu'un d'impatient. Or, dans de nombreuses circonstances, la patience m'est imposée. Le handicap apprend la patience. Pour l'autonomie, on ne « solutionne » pas tous les problèmes du jour au lendemain. Cela nécessite des ajustements permanents, du système D. Mon beau-père est un Géo Trouvetout. Quand j'ai eu mon accident, ma mère et lui habitaient un appartement au premier étage avec un escalier en colimaçon. Autant dire qu'il était impossible pour moi d'y accéder. Il fallait démonter le fauteuil et le remonter en haut, me transporter à bras. C'était laborieux, inconfortable et dangereux. Sur le balcon, mon beau-père a conçu et installé un palan : un treuil avec un contrepoids constitué de parpaings dans un sac de chantier. Il suffisait ensuite de passer des sangles sous mon fauteuil qu'on attachait au treuil avec des mousquetons. Suite à un déménagement, leur nouvelle maison n'était toujours pas accessible. Impossible pour moi de passer à l'improviste, il fallait prévoir de l'aide pour me porter dans les escaliers. Le handicap coûte très cher, je ne cesse de le marteler. Une plateforme étant hors de prix, il en a fabriqué une. Ce dispositif est une bouffée d'autonomie, la possibilité retrouvée de petits plaisirs spontanés. Si je suis en avance pour prendre le train, ma mère habitant juste à côté de la gare, je peux passer boire un thé, même si elle est seule. On n'a plus besoin de planifier. Le manque d'autonomie crée l'obligation de programmer, ça complique presque tout.

Se déplacer

Si je veux aller voir un pote à Paris, je ne peux pas le faire sur un coup de tête. Je dois appeler la SNCF quarante-huit heures à l'avance pour bénéficier du service d'accès. Je peux toujours tenter ma chance sans anticiper et me présenter une heure avant. À Saint-Pierre-des-Corps, ils sont adorables, ça ne pose pas de problème, mais si j'arrive à l'improviste à Montparnasse, une fois sur deux, je vais essuyer un refus. L'impondérable en fauteuil s'avère très délicat à gérer.

Beaucoup de personnes en situation de handicap limitent leurs activités pour cette raison. Chez eux, ils sont dans une bulle. Dès qu'ils sortent, leur manque d'autonomie leur saute à la figure et, souvent, ça fait mal.
Avant, j'avais beaucoup de mal à rentrer chez moi à la fin des vacances. Depuis que je suis en fauteuil, j'adore partir, mais quel bonheur au retour ! Je retrouve un univers adapté. Le seul moment où je suis triste de rentrer, c'est quand je voyage avec une agence qui m'a vendu un séjour spécifique où tout est accessible. Mais cette autonomie physique et la tranquillité mentale qui en découle se payent, évidemment.

Cent fois sur le métier…

Je ne peux pas édicter des règles ou donner des conseils. Chacun aura sa propre façon d'appréhender les difficultés. Certaines personnes vont se faire une montagne d'une toute petite marche à franchir. Chacun son Everest. On n'a pas tous les mêmes limites, la jauge n'est pas placée au même endroit. Chacun doit appréhender son problème d'autonomie en fonction de son handicap et de son état d'esprit. À certains moments, tu es enclin à essayer et à échouer peut-être. À d'autres, tu n'es pas prêt. Quand on n'est pas en forme, mieux vaut s'abstenir. L'échec risque d'ajouter de la morosité à une période déjà complexe.
Cette marche vers l'autonomie ne s'arrête jamais. Est-ce que je résous encore aujourd'hui des problèmes que je traîne depuis des années ? Oui. Ma vie est une remise en question perpétuelle. Rien n'est acquis. Régulièrement, je me retrouve seul dans une situation où, jusque-là, quelqu'un d'autre a agi pour moi. Il n'y a pas très longtemps, l'été fini, la piscine rangée, je constate que la terrasse a besoin d'un bon nettoyage. Quand j'ai acheté ma maison, on m'a offert un karcher. Je décide de ne pas faire appel à un ami et de me dépatouiller seul. Alors, quand on part sur une idée de ce genre, il faut avoir du temps devant

soi… Ce jour-là, je sors donc le karcher. Il me faut des tuyaux. Je vais en acheter dans un magasin de bricolage. Au retour, pas besoin d'un dessin pour te faire comprendre que brancher et visser les robinets, pour moi, c'est une catastrophe. J'ai failli abandonner… Parfois, la marge est faible entre se faire aider en raison du handicap et demander simplement un service, comme n'importe quel individu. Exemple. J'avais un ancien embout vissé sur mon robinet, mais il était rouillé. Alors, après une demi-heure de tentatives infructueuses, j'ai appelé mon voisin en renfort. Lui-même a eu beaucoup de mal à en venir à bout. Enfin, je nettoie la terrasse. Ça m'a pris trois heures et demie. Plusieurs fois, j'ai failli lâcher l'affaire, mais ma persévérance a porté ses fruits. J'étais fier ! Et puis, une fois les branchements effectués, il suffit de sortir le karcher pour être capable de laver aussi la voiture et tout un tas d'autres trucs. Dans la vie, les seules limites sont celles que l'on s'impose. « Pas capable de passer le karcher », me murmure une petite voix. Ce jour-là, je me suis dit : « Pourquoi pas ? Si tu n'y arrives pas, ce n'est pas grave. » Et j'ai réussi. Ce genre d'événement arrive tous les jours. L'arrosage les fleurs, par exemple… Parfois, Luna s'en charge, mais souvent, je le fais après dîner, quand elle est couchée. Il fallait tirer le tuyau, maintenant je le laisse devant le garage… Les premiers soirs, ça me prenait une heure, maintenant dix minutes… Je fais l'apprentissage des gestes. Chaque situation inconnue me pousse à trouver des solutions.

L'aidant professionnel

Je reprends la phrase de Stef Binon, humoriste tétraplégique, « sit-upeuse », rencontrée via un live pour des étudiants ergothérapeutes. « Je m'estime autonome à 100 %. » À cette affirmation, si on m'oppose le fait que quelqu'un vienne m'habiller le matin, je réponds que c'est un choix. Et être le décideur, c'est aussi être autonome. Je pourrais me débrouiller tout seul. Ça me prendrait plus de temps. Ce serait plus inconfortable et risqué, mais possible… Donc c'est un choix. Bien sûr, il y a le passage obligatoire de l'infirmière tous les deux jours. On ne va pas tortiller du cul pour chier droit, ce sont les soins pour aller aux toilettes. J'en ai déjà longuement parlé, je ne reviens pas dessus. Elle arrive à 6 h 30. À son départ, je prends ma douche seul, grâce à mon fauteuil dédié. Pendant que je me lave, arrive l'aide à domicile. Il est 7 heures. Tous les matins, elle entre dans mon intimité. Je dis « elle » parce qu'en majorité, les aides à domicile sont des femmes… Le temps que je finisse ma douche, elle fait un peu de rangement, puis elle vient m'habiller vers 7 h 10. À 7 h 25, au grand maximum, je suis habillé et dans mon fauteuil. Si j'étais seul, il me faudrait au moins une heure et demie, donc mettre le réveil à cinq heures. Pas la peine de se mobiliser inutilement. Les trente-cinq minutes restantes, elle fait du ménage dans la douche, les toilettes, passe un coup dans ma chambre. Je peux ensuite la solliciter pour des tâches contraignantes et peu aisées. Je n'aime pas donner des ordres, mais il y a un échange financier avec l'aide ; c'est plus facile de lui demander que de faire appel aux amis et à la famille. J'ai l'impression parfois, quand je lance une invitation, que c'est un prétexte. Une invitation contre un service rendu. Et cette position est difficile pour moi. Même si mes amis proposent leur aide sans arrière-pensée. En tant qu'employeur, je me sens plus légitime dans ma demande. Cela ne m'empêche pas, ça semble logique et naturel, d'avoir de la considération et d'user et abuser des formules de politesse. J'entends souvent en retour : « Mais vous n'allez pas me dire merci toutes les deux secondes ! » Je n'ai pas cette mentalité du « je paye, j'exige ». Si j'ai des mauvaises herbes à arracher (tu vois le problème pour moi ?), je demande : « Ça ne vous dérange pas ? »

Mes aides connaissent la maison aussi bien que moi, elles font un peu partie de la famille. Récemment, mes trois aides régulières sont parties, trois crèmes auxquelles j'étais très attaché. Ça a été dur. En Haute-Savoie, j'ai été particulièrement touché aussi par Claudine, un sacré bout de femme. Elle donnait de la voix, peu importe si elle réveillait mes amis venus me rendre visite. Ça faisait rire tout le monde. C'était ma deuxième maman, une troisième mamie pour Luna. Quand je suis parti, on en a pleuré. Ces gens sont au courant de ta vie, sont témoins de ce que les autres ne voient pas. Cette intimité crée un lien indiscutable, propice aux confidences. Je partage mes aléas de célibataire, elles me racontent les soucis avec les enfants, les petits-enfants.

La voiture

Donc je me lève, enfin, façon de parler. Pendant ce temps-là, Luna s'est préparée. À neuf ans, elle est totalement indépendante. On déjeune ensemble, puis, à 8 heures, c'est le départ pour l'école. On monte dans la voiture. Je me transfère du fauteuil sur une plate-forme fixée du côté du siège conducteur. Le matin, pour ne pas perdre de temps, l'aide charge le fauteuil dans le véhicule ; ça fait gagner de précieuses minutes. Autrement, j'utilise un bras robot. Le seul moment où je ne suis pas autonome avec ma voiture, c'est pour mettre de l'essence. Dans la station où j'ai mes habitudes, les employés, abonnés à mon compte sur les réseaux, me connaissent bien. Je ne me sens pas de dette. Je demande à quelqu'un dont c'est le travail et je décharge mes proches car, quoi que j'en dise, pour beaucoup de choses, je dois solliciter ma famille. Lorsque je ne suis pas dans ma station habituelle, je m'adresse à la caisse ou, parfois, j'interpelle des gens en train de faire leur plein. La crainte de me voir leur extorquer de l'argent se dissipe quand ils réalisent mon handicap. J'ai la chance d'avoir une voiture. L'autonomie, ça n'a pas de prix, sauf dans le monde du handicap. Ne va pas dire à une personne en situation de handicap que l'argent ne fait pas le bonheur ! Personne ne pourra se racheter un membre sectionné ou la vue. Mais le matériel permettant de vivre le plus normalement possible coûte très cher.

C'est ce surcoût qu'il faut dénoncer, celui pour la voiture, plus que tout le reste. La prise en charge de l'équipement par la MDPH est très faible. Si tu as la chance de travailler, l'Agefiph[2] ou le Fiphfp[3] financent une partie de l'équipement. Par ailleurs, on va être honnête, tu ne fais pas équiper une voiture qui a deux cent mille kilomètres, tu en choisis une neuve ou quasi neuve. Tout le monde ne peut pas engager de telles sommes. Je fais partie d'un groupe de privilégiés qui possèdent un véhicule et peuvent le conduire.

La journée

Après avoir déposé ma fille à l'école, direction le boulot. Mon poste a été adapté, je suis autonome sur mes missions. Pendant la pause médiane, je demande à des collègues compréhensifs de m'installer sur le « home-trainer » que j'ai apporté au bureau. J'ai beaucoup de chance d'avoir de telles personnes sous la main. Deux à trois fois par semaine, mon kiné, Pierre, vient à 12 h 15. À 17 heures, lorsque je n'ai pas de garde, je vais chercher ma fille et on rentre à la maison vers 18 heures. Après, vie de papa : je vérifie les devoirs et, si on a le temps, on joue un peu. Je range les courses et prépare le dîner, puis on passe la soirée en famille jusqu'à l'heure du coucher de Luna. Ensuite, ma deuxième journée commence. Je prépare le repas pour le lendemain midi, puis le Romain d'Instagram entre en action.

---

2. Association de gestion du fonds pour l'insertion des personnes handicapées. Organisme paritaire français institué par la loi du 10 juillet 1987 pour favoriser l'insertion professionnelle et le maintien dans l'emploi des personnes handicapées dans les entreprises du secteur privé.

3. Fonds pour l'insertion des personnes handicapées dans la fonction publique. Organisme français créé par le décret n° 2006-501 du 3 mai 2006. Cette création découle de la loi pour l'égalité des droits et des chances, la participation et la citoyenneté des personnes handicapées.

10 accessoires et petits objets qui me changent la vie au quotidien, me permettant toujours plus d'autonomie

1. Ma pince de préhension Quadtools pour tétraplégique. Elle permet de saisir des objets en hauteur ou au sol en utilisant la rotation du poignet.

2. Mon couteau de cuisine spécial tétraplégique Quadtools. Il se fixe sur l'avant-bras et en utilise la force pour couper sans avoir besoin de serrer la main.

3. Mon clavier de souris Rollet Mouse, souris adaptée avec barre de déplacement démultipliée ainsi que tous les boutons non cliquables (pratique lorsque l'on a plus les fonctions motrices des doigts).

4. Mes gants de préhension Active Hands permettent de remplacer la préhension de la main. Je m'en sers notamment en sport, pour attacher les haltères et les différents agrès ou fixer les mains sur un pédalier, mais on peut très bien y faire tenir aussi un marteau.

5. Mon assistance électrique Smart Drive. Une petite trouvaille ! Attachée derrière mon fauteuil, elle se gère à l'aide d'une montre connectée. À savoir : avec une bonne mutuelle, on peut la faire financer entièrement.

6. Mon bracelet métacarpien. Je l'achète sur le site Tousergo.com. Utile pour fourchette, cuillère, brosse à dents, rasoir, etc.

7. Ma planche de transfert. Indispensable pour monter en voiture quand je ne conduis pas, pour l'hôtel... bref, pour tous les transferts à effectuer en dehors de chez moi, où l'environnement n'est pas forcément adapté.

8. La dictée vocale ! On la trouve d'origine sur les smartphones. On peut aussi se fier à certains logiciels pour ordinateur comme Dragon Dictation par exemple.

9. Mon aspirateur robot : un confort de vie au quotidien ! Il me soulage dans les tâches ménagères.

10. Tous les systèmes de domotique existant désormais pour le domicile. Ils représentent un vrai confort de vie : possibilité d'ouvrir ses volets, de commander la lumière, les ouvrants et plein d'autres petites actions... Même si cela a un coût non négligeable, ils permettent vraiment un gain d'autonomie important.

SPINERGY
RGK

L'accessibilité

L'autonomie est en grande partie dépendante de l'extérieur. Pour que toi, tu sois autonome, il faut que l'environnement soit adapté. Quand c'est le cas, mon autonomie est totale. En règle générale, je vis très bien avec mon handicap. Je me retrouve parfois dans des situations où je ne maîtrise pas les choses en raison d'un manque d'accessibilité. Ne pas pouvoir agir ou me déplacer sans devoir demander une autorisation ou un coup de main, m'interdit d'être comme tout le monde (et peut s'avérer dangereux dans certaines circonstances). Se voir refuser l'entrée quelque part (enfin, ça ne m'arrivera jamais), ne pas pouvoir faire une activité (dans la limite du raisonnable), du fait de ton handicap ou parce que l'établissement qui te reçoit n'est pas adapté, ça fait mal. Tu es exclu de la société, mis sur le côté. Tu n'es pas considéré comme les autres et là, pour le coup, tu n'as pas les mêmes droits que tout le monde. Je ne demande pas l'égalité, on est tous différents, je demande l'équité. L'accessibilité est un combat quotidien, que malheureusement, nous, personnes concernées, sommes contraintes de mener. Ceux qui devraient s'en occuper ne le font pas depuis trop longtemps. 2005, la loi handicap. Cette loi stipule que les établissements recevant du public disposent de dix ans pour devenir accessibles. 2015, ce n'est pas fait, l'échéance est repoussée… sans date butoir. Cette loi n'a donc plus aucune valeur. Je ne suis pas un râleur pour râler. J'ai conscience qu'on a besoin d'accessibilité et je sais que le tout-accessible est impossible… Prenons un restaurateur dans la vieille ville de Tours. À l'entrée, il a une grande marche. Ses toilettes sont au sous-sol. S'il veut rendre son établissement accessible, il doit combler cette marche. C'est trop haut, il faut être honnête, ce n'est pas envisageable. Il peut éventuellement installer une sonnette avec une rampe. Et pour les toilettes au rez-de-chaussée ? Il va supprimer quarante pour cent de ses tables ? Je sais que les gens n'aiment pas qu'on dise : « Il va faire ça pour une seule personne dans l'année. » Tu n'aimes peut-être pas qu'on le dise, mais c'est la vérité. Si ça se trouve, en plus, cette personne handicapée est comme moi, elle ne va même pas aux toilettes ! Alors peut-on imposer à ce type de supprimer une grande partie de l'espace qui lui permet d'accueillir ses clients ? Financièrement, il préfère payer les amendes et, à sa place, je ferais pareil. Si je ne peux pas entrer chez lui, ce n'est pas grave, j'irai chez un voisin. Il faut se battre pour ce qui en vaut la peine. Des bars où je peux aller, il y en a beaucoup. Je ne vais pas faire un scandale pour deux ou trois autres dans lesquels je ne peux pas entrer. En revanche, si je veux aller à La Poste, ce n'est pas admissible que je ne puisse pas y accéder. Au bureau de poste où j'allais avant, la place pour handicapés est mal positionnée, en pente. Les manœuvres avec le fauteuil, infaisables. Impossible d'appeler pour prévenir de mon arrivée ; cette administration n'est pas joignable par téléphone. Je suis obligé de demander aux gens qui passent d'aller chercher pour moi un employé. Ça, c'est grave. Il m'est arrivé aussi une histoire avec la mairie de Tours. Lorsque je dépose ma fille, en règle générale, je ne descends pas de la voiture. Un matin, je décide de l'accompagner à pied. Étonnement ! Aucun des passages piétons ne dispose de bateaux. Je suis obligé d'avancer sur la route, où la circulation est dense. Devant l'école, même constat ! C'est une blague. Comment font les mamans avec les poussettes et les personnes âgées ? J'interpelle le maire par courrier, je ne reçois pas de nouvelles. J'envoie une lettre au service concerné à la mairie. Pas de réponse. Tant pis. Je prends mon téléphone et je tourne une vidéo que je diffuse sur les réseaux. Le maire me contacte :

– Vous auriez dû m'en parler.

– Monsieur le maire, je vais vous expliquer quelque chose. J'ai deux accusés de réception des courriers que je vous ai adressés. Dedans, j'ai tout expliqué. J'ai voulu passer par le canal officiel, il n'y a eu aucune suite. Maintenant, j'emprunte la voie que vous détestez tous mais qui, visiblement, s'avère la plus efficace : vous mettre en porte-à-faux sur les réseaux sociaux. Il n'y a que ça qui fonctionne. La preuve, vous avez réagi…

Maintenant la question est : « Combien d'autres "Romain" ont écrit une lettre restée sans réponse ? » Toutes ces demandes de personnes qui n'ont pas ma puissance de frappe et qui vont directement au panier, c'est usant ! Depuis, j'ai

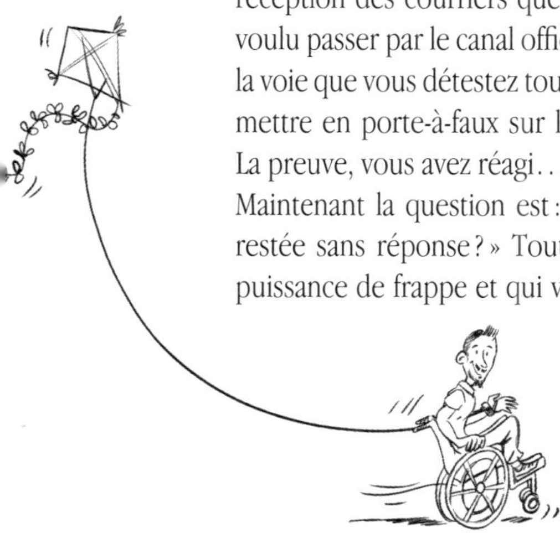

rencontré les personnes du service technique et le responsable handicap. Dix jours plus tard, les travaux ont été faits. Il aura fallu taper du poing sur la table alors que l'école est là de longue date. Tant qu'il n'y aura pas de handicapé à la tête du ministère dédié, il ne se passera rien. Les autres n'ont pas la capacité de s'entourer des personnes qui ont l'expérience. Pourtant, Sophie Cluzel, l'actuelle secrétaire d'État, a une fille handicapée, elle devrait être sensibilisée à tout ça. Mais non. À titre personnel, je refuse de me lancer en politique. J'ai déjà été sollicité de nombreuses fois. Je n'ai pas envie de rentrer dans ce milieu. Il faut faire attention à tout ce que tu dis. Je ne veux pas me bâillonner. Tout est analysé. Je le vis déjà, mais en politique, c'est encore plus violent. Tu n'as pas le droit à l'erreur, tu peux te faire lapider sur la place publique pour tes convictions. Ça ne m'intéresse pas du tout. Mon dégoût est profond. À chaque élection, on m'approche via les réseaux. Une liste est en cours de constitution et on aimerait que je rejoigne les rangs de tel parti. Voilà ce que je réponds : « Des gens comme vous, qui veulent tout révolutionner, c'est bien. Il y en a plein. Il y a douze candidats, vous êtes douze à vouloir la même chose. Pour l'instant qu'est-ce qui vous intéresse ? Vous voulez acheter ma visibilité, mon audience, pour votre parti. Ça ne m'intéresse pas. Une fois élu, si vous voulez faire bouger les lignes, revenez vers moi. Montrez-moi que vous œuvrez pour la cause du handicap. Je ne rentrerai pas dans votre équipe mais je pourrai vous

Florilège des excuses les plus pourries

Répliques vraies, entendues par toute personne en situation de handicap voulant se garer sur une place handicapée occupée par un valide : « J'en ai pour quelques minutes », « Moi je ne suis pas handicapé mais ma maman oui, et du coup je viens faire des courses pour elle », « Je vais juste acheter des sushis, désolé j'ai pas trouvé de place ailleurs », « Oui mais je boite en ce moment »...
Mesdames, messieurs, quand parfois on vous dit de faire preuve d'empathie et de vous mettre à la place des handicapés... on ne parle pas de nos places de stationnement !

donner un avis de consultant, même gratuitement. Je verrai si la question du handicap vous tient vraiment à cœur ou si ce sont des promesses de campagne pour obtenir un panneau publicitaire. » Personne ne m'a jamais rappelé.

Comment montrer à des valides ce que vivent les gens porteurs d'un handicap visible comme la cécité et la paralysie ou invisible comme la surdité ou le cancer ? Ce que je conseille, c'est de penser toujours au pire. Pour n'importe quel événement, espace public ou construction d'un bâtiment, il faut se demander si un fauteuil passe. Comment circulerait quelqu'un avec un fauteuil électrique de quatre-vingt-dix centimètres de large et de trois cents kilos. Rendre accessible à ceux qui ont le plus de contraintes, c'est rendre accessible à tout le monde. À partir du moment où on voit les choses comme ça, on résout tous les problèmes. Un exemple. On voit encore beaucoup trop souvent des immeubles avec trois ou quatre marches et sur le côté, une rampe qui slalome pour le fauteuil roulant. C'est très joli. Pourquoi y a-t-il une rampe et un escalier ? Les gens vont-ils râler parce qu'ils marchent trois mètres de plus par rapport à une montée sèche ? C'est du gaspillage d'argent. La rampe, à l'inverse des escaliers, tout le monde peut l'utiliser. Les personnes âgées, les fauteuils roulants, les poussettes, les jeunes… Tu as peur de quoi ? Ce n'est pas contagieux. Dans les gares, de plus en plus, les escaliers sont remplacés par des rampes. C'est plus pratique de faire rouler une valise que de la porter dans les escaliers. Certes, c'est un peu plus long, mais tout le monde y trouve son compte. Pourquoi ne pas généraliser ? Le valide est capable de s'adapter. Il faudrait donc que les gens aient cet œil-là. Mes amis l'ont. Quand ils me proposent une activité, je ne panique pas, je sais qu'ils ont pensé à tout. Logement adapté, salle accessible lors d'une fête, c'est un automatisme. Mon meilleur ami David et sa femme Anne ont même transformé leur intérieur. Après avoir installé une douche à l'italienne, ils aménagent leur chambre d'amis pour moi. Les quelques jours passés chez eux à mon retour en Touraine les sensibilisent d'encore plus près à ce que représente mon handicap dans l'intimité.

Il faut sensibiliser au quotidien. Te dire que demain, ça peut être toi… On ne sait jamais. La plupart des gens peuvent-ils continuer à vivre dans leur maison s'ils ont un accident ? Je ne pense pas. Au-delà de l'accessibilité du fauteuil, il y a celle des poussettes, des personnes âgées. Je vois parfois quelqu'un se garer « à l'arrache » sur un trottoir. Certes, il vaut mieux qu'il soit sur le trottoir que sur une place handicapé. Sauf que je ne peux pas passer avec mon fauteuil. Je dois faire marche arrière, redescendre plus loin à un passage piéton et traverser, ou m'aventurer sur la route. Il faut éduquer. Dans la société, il faudrait oublier le « juste pour ma pomme » et penser plus au « vivre ensemble ». Apprendre à ne pas gêner l'autre par mon comportement, faire en sorte d'avoir une attitude correcte. Je ne juge pas. La probabilité du passage d'un fauteuil roulant n'effleure pas celui qui se gare pour deux minutes sur le trottoir. Il imagine seulement les piétons et ces derniers peuvent se faufiler…

Faire oublier son handicap

Un jour, au travail, dans les couloirs, un interne en médecine se dirige vers les escaliers pour descendre au rez-de-chaussée. Il me voit arriver et, le plus gentiment du monde, me tient la porte en disant :

– Tu passes par là ?

– Non écoute, je vais plutôt prendre l'ascenseur, ça sera un peu moins dangereux...

Énorme fou rire !

Lors de mon déménagement de Haute-Savoie en Touraine, je me retrouve confronté à de lourdes démarches. À ce moment, j'ai droit aux logements sociaux. Dans l'urgence, je pense : « C'est l'option la plus simple, ils ont un quota de logements adaptés, je vais trouver rapidement. » Mes premières recherches sont laborieuses, les critères d'accessibilité ne sont pas indiqués. J'appelle la CAF. Je supprime le mot facile de mon vocabulaire. Après avoir contacté différents services sans succès, on finit par m'appeler pour me dire qu'on m'a trouvé des logements. J'ai demandé un secteur qui couvre un périmètre assez large entre mon futur lieu de travail et l'école de ma fille. On me propose un appartement dans un autre secteur. Petit repérage sur Google Earth : impossible d'ouvrir seul la porte d'entrée de l'immeuble, pas d'emplacement handicapé sur le parking, trottoirs nombreux, appartement au deuxième étage. Je connais le secteur, c'est un endroit où je suis régulièrement allé en intervention par le passé, l'ascenseur est souvent en panne. En plus, je ne peux pas visiter en raison de travaux de réfection. Face à mes nombreuses objections, la dame me propose deux autres logements dans lesquels les problèmes sont similaires. Découragé, je visite de ma propre initiative une maison juste à côté de mon travail. Un peu plus tard, la dame du service concerné me rappelle, victorieuse :

– J'ai trouvé une maison dans le secteur que vous vouliez.

En fait, c'est à l'opposé, donc assez loin de mon travail. Cependant, je dois réfléchir. Le loyer du logement social est beaucoup moins élevé. Je suis donc tenté. J'écoute son descriptif :

– Chambre avec douche italienne, la deuxième chambre à l'étage.

– Comment ça une chambre à l'étage ?

– Ben oui, vous en bas et votre fille en haut.

– Madame, regardez dans mon dossier l'âge de ma fille ! Oui, trois ans ! Madame, à trois ans, le soir, vous imaginez votre fille aller se coucher seule ? Vous lui dites : « Tu te gères et tu gères ta chambre, parce que papa ne pourra jamais monter ? »

Ce sont des employés comme ça qui s'occupent de placer des personnes en situation de handicap ? C'est dramatique. Je suis choqué. On marche sur la tête ! Je ne peux m'empêcher d'être désagréable.

– Laissez tomber, madame, et honnêtement, vous êtes incompétente. Moi, je peux me débrouiller, mais comment font ceux qui sont dans un pétrin total, ceux qui n'ont ni les moyens ni les ressources mentales pour surmonter ça ?

En voyant la date fatidique arriver et mes recherches infructueuses, j'appelle moi-même les mairies du secteur. Leurs logements sont tous occupés. Je pète un plomb :

– Oui, ils sont occupés, mais par des personnes valides. Alors logez-les ailleurs. Je le sais, parce que ma tante vit dans l'un de ces appartements. Elle a d'ailleurs proposé de me céder la place si je ne trouve pas. Je ne veux pas la mettre dehors. Je m'interroge pourtant. Pourquoi on ne dit pas à ces gens : « Vous êtes dans ce logement pour l'instant, mais le jour où quelqu'un en situation de handicap en a besoin, on vous reloge » ? Ça devrait se passer comme ça ! On conçoit des logements spécifiques pour les personnes handicapées et on les loue à des personnes qui ne le sont pas. Tous les jours, j'ai des retours de gens qui rencontrent ces difficultés. Beaucoup sont logés à l'étage. À la moindre panne d'ascenseur, ils sont coincés. Finalement, je déménage dans la maison visitée plus tôt. Elle est de plain-pied. Dans un premier temps, mon beau-père fabrique une rampe pour supprimer le problème de la petite marche d'entrée avant de couler un plan lisse en béton. Quant à la salle de bains, le propriétaire y fait quelques petits aménagements pour moi. C'est une solution satisfaisante en attendant de faire construire ma propre maison.

Les exemples d'inaccessibilité ne manquent pas. Ascenseurs en panne, places handicapés occupées, désinvolture des pouvoirs publics, lourdeurs administratives. Entre les beaux discours et la réalité, un gouffre. J'en ai fait récemment la cruelle expérience à Paris. Une capitale qui s'apprête à accueillir les Jeux olympiques et paralympiques. Un dimanche matin, en sortant d'un hôtel, impossible de trouver un taxi adapté ou un Uber. Ils annulent tous les réservations les uns après les autres (le marathon de Paris rend la circulation difficile). Ma mère, mon fauteuil de douche, nos valises et moi n'avons pas d'autre alternative que de rejoindre la gare à pied. Six kilomètres. Je suis parfois obligé de rouler près des coureurs. Je ne peux pas, comme les piétons, emprunter les trottoirs étroits ou les endroits escarpés. Heureusement, mon assistance électrique me permet de gérer les montées et les pavés. Une heure et vingt minutes plus tard, après avoir raté deux ou trois trains, j'apprends que je ne peux pas bénéficier du report

de l'assistance sur le prochain convoi. C'est malheureux, mais je commence à m'énerver un peu.
– Soyez patient, me conseille l'agent de la SNCF.
– Je veux rentrer chez moi. Depuis 10 heures ce matin, je subis de plein fouet le manque d'accessibilité. Les personnes qui m'accompagnaient ont pu prendre des métros ou des Ubers, moi pas à cause du fauteuil. Vous imaginez la violence que ça représente ?
Là, je me prends encore une claque et ça ne devrait plus être comme ça !

Les 9 astuces à connaître lorsque l'on est en situation de handicap et que l'on souhaite organiser ses vacances !

1. Le site Handiplage répertorie toutes les plages adaptées et classe celles-ci en fonction des services proposés (fauteuil de mise à l'eau, transat, aménagement pour se déplacer sur la plage, handiplagistes, abri, toilettes, vestiaire...)

2. Les hôtels disposent quasi tous de chambres PMR (pour personnes à mobilité réduite) spacieuses, avec douche à l'italienne. Pas la peine d'aller chercher des hôtels très luxueux, la plupart des chaînes bon marché en proposent également.

3. Si tu aimes une ambiance festive et familiale, bonne nouvelle. La majorité des campings (à partir du trois-étoiles) proposent des mobil-homes PMR.

4. Pour te déplacer en train ou en avion, des services d'assistance te permettent de voyager comme tout le monde. Il faut toutefois anticiper et prévenir au moins 48 heures à l'avance !

5. Si tu bénéficies d'heures de compensation du handicap par la MDPH, pense à faire un transfert afin d'être pris en charge et contacte les associations sur place. Pour les soins, pense à trouver une infirmière à domicile.

6. Emporte tes ordonnances pour les traitements médicaux et le matériel médical. Pour éviter de transporter ce dernier, il est parfois possible de louer le nécessaire sur place.

7. Certaines personnes en situation de handicap mettent gratuitement à disposition des petits guides de l'accessibilité pour des lieux de vacances et des destinations touristiques, en France ou à l'étranger : les sites Handilol et Wheeled World pourront contenter la plupart d'entre vous !

8. Tu souhaites voyager à l'étranger et tu n'es pas un pro de la planification ? Des agences spécialisées se chargent de l'organisation pour toi en respectant les spécificités de ton handicap.

9. N'oublie jamais : avec un petit sourire, tu peux demander des services autour de soi, descendre dans une piscine, monter sur un toboggan... J'ai foi en l'humanité et crois-moi, la solidarité existe encore !

La vie a voulu tout me retirer, j'ai encaissé et je lui ai ri au nez !

Chaque jour qui passe désormais,
Me renforce un peu plus dans mon idée,
Celle d'emprunter ce chemin cabossé,
Qui m'amène à m'accepter en tant qu'handicapé !

Comme tout le monde, je rencontre des difficultés,
Mais dans le handicap, nos problèmes ne sont pas toujours ceux que vous imaginez.
Pas la peine de nous ajouter des bâtons dans les roues,
Sans ça, on peut vivre heureux malgré tout !

L'administratif, l'accessibilité et les coûts exorbitants
Sont malheureusement trop récurrents et trop pesants.
J'ai tout ce qu'il faut pour être heureux de vivre,
Enlevez-moi juste cette charge que je puisse être enfin libre !

Comme tu peux le voir, je suis loin d'être malheureux,
Mais c'est normal, parfois, de se plaindre pour être toujours mieux !
Je suis un homme, un père, un compagnon…
Laisse-moi te montrer que même handicapé, dans ma vie tout peut tourner rond !

Je ne cherche pas votre admiration,
Mais juste de la compréhension
Pour tous ceux qui vivent ces mêmes situations…

CORIMA
DRAFT
CORIMA

Le sport

Pendant ma rééducation, j'avais regardé les Jeux paralympiques à Londres et découvert l'incroyable diversité du handisport. En admiration devant les athlètes, moi, le néo-handicapé, je m'étais mis en tête de faire de la compétition à haut niveau. Seulement, en Haute-Savoie, je ne trouve pas de club à proximité qui me permette d'évoluer en toute indépendance. Je ne suis pas autonome pour ma pratique, j'ai besoin de personnes pour la manutention. Je ne peux pas sauter dans mes baskets et partir… Près de chez moi, je fais pourtant de la natation. À la piscine, les créneaux dédiés au handisport suivent le cours de Babygym. La température de l'eau, plus élevée, tient compte des difficultés de régulation liées au handicap. L'eau me procure une sensation de légèreté. Le poids du corps en moins, c'est agréable. Cependant, la séance ne dure pas longtemps, car je suis vite gelé et crevé. Je n'ai plus de bras, sans compter le stress. Au début, je ne nage que sur le dos, parce que sur le ventre, il est difficile de relever la tête. La première fois que je le fais, j'ai l'impression que je vais me noyer. Évidemment, je ne suis pas seul dans l'eau, je suis très bien encadré. Si je fais signe, on m'aide à remonter. Mais ce n'est pas ma tasse de thé. Je préfère évoluer dans la nature. Par ailleurs, j'ai passé des mois à attendre de pouvoir rentrer à la maison auprès de ma compagne et ma fille. Je vais les laisser de côté pour aller au sport ? N'est-ce pas un peu égoïste de ma part ? Je m'enlise dans un conflit de loyauté.
Quand je me retrouve célibataire, c'est différent, j'ai plus de temps libre, je retombe dans la marmite. J'ai moins de culpabilité à rentrer tard et dîner à 10 heures du soir. Cela me permet, par exemple, de proposer un petit tour de vélo à mes voisins. Mais le déclencheur, c'est à mon retour en Touraine. J'envoie assez rapidement un mail au comité handisport d'Indre-et-Loire. Julie me répond. Je lui explique que j'ai besoin de sport à outrance. Elle m'indique les activités qui me sont accessibles avec ma pathologie. Je me suis déjà un peu renseigné. Tu ne verras jamais un tétraplégique faire du basket par exemple. Mais il y a plein d'autres sports… Je m'interroge alors : sport collectif ou individuel ? Pas de club de rugby fauteuil, c'est bien dommage,

les tétraplégiques y ont leur place et beaucoup de mes connaissances sur les réseaux le pratiquent. La seule possibilité qui s'offre à moi est le football. Or, il se pratique en fauteuil électrique. Cela ne m'intéresse pas. J'hésite. Je chasse vite le tennis de table de mon esprit, pour une simple raison : j'ai besoin, quand je fais du sport, de sortir de mon fauteuil de ville et de m'installer dans mon fauteuil de sport. Comme un sportif qui enfile sa tenue… Il n'y a pas de club de handbike. L'athlétisme était mon premier choix, ça tombe bien. Me voilà à Saint-Cyr-sur-Loire pour faire un essai de fauteuil. Le rôle du comité handisport est d'amener les personnes en situation de handicap à la pratique sportive. Il les dirige vers une structure existante qui possède le matériel ou alors il accompagne un club pour l'ouverture d'une section. Mon entraîneur est en ancien de la Fédération française de handisport. J'arrive un samedi matin. Il fait très froid malgré un soleil éclatant. Le fauteuil est énorme, c'est un char d'assaut. Pour la première fois, je me retrouve dans une position inédite. Plié en avant sur la barre, j'écoute attentivement les explications. On effectue des réglages. C'est un système complexe destiné à programmer la rotation des roues en fonction de la forme de la piste. On vient ensuite taper sur le système pour superviser la trajectoire, mais je n'utilise pas mes bras pour faire tourner le fauteuil, seulement pour faire avancer l'engin le plus vite possible. Ce jour-là, je n'ai pas de gants. Je ne suis pas très à l'aise. Penché en avant, j'ai du mal à relever la tête. On me propose de faire quelques tours de pistes. Je ne vais pas très vite. Au bout du premier tour, ma tête bloque sur la barre en fer. Je tétanise. Je m'en fiche, je veux continuer. Les deux ou trois tours suivants me prennent une éternité. Je n'arrive pas à me relever, je suis obligé de demander de l'aide… Quand je ressors du fauteuil, j'ai le front rouge et bosselé, mais un sourire de malade. Même si ce n'était pas adapté, j'ai adoré. « Je veux faire ça, quand est-ce qu'on commence ? » L'entraîneur me propose une initiation. Un peu déçu, je prends une licence loisir pour la fin de l'année. J'aurais voulu faire de la compétition dès la première année. Avec le recul, ça aurait été ridicule, mais sur

le coup, je suis un peu frustré. La deuxième année, je signe pour la compétition, française et internationale.
Au départ, j'utilise le fauteuil du comité handisport. Lorsque je m'inscris, mes intentions sont claires. Je veux grimper au plus haut niveau. Pour ça, je suis prêt à travailler comme un fou. Je m'entraîne les soirs où je ne travaille pas et ceux où je n'ai pas ma fille, systématiquement. Je demande également le prêt du fauteuil pendant le week-end pour pouvoir faire des séances sur le stade près de chez mes parents. Quand j'ai Luna en garde, j'adapte mon emploi du temps. Parfois elle m'accompagne, mais je culpabilise de la laisser sur le bord de la piste. Souvent, je fais du home-trainer. Le fauteuil de prêt n'est pas à ma taille. Les mains courantes (là où je tape), sont trop grandes. C'est un peu dévissé de partout et il est beaucoup trop large au niveau du bassin. Je suis obligé de me caler avec des mousses. Mes bras sont trop écartés et frottent contre la roue. Or, je ne sens pas. Je découvre donc des plaies et des brûlures en fin d'entraînement. Je me fais pourtant une raison. Je dois persévérer avec ce fauteuil pour bien identifier ce dont j'ai besoin avant d'investir. Je mesure mes progrès et ressens un peu de frustration. Si j'avais un fauteuil adapté à ma morphologie, je ferais de meilleures performances. Dans le jargon du handisport, on « boxe » les mains courantes avec les gants. Au départ, je ne possède pas ces fameux gants, parce que ça coûte un bras. J'ai des gants de chantier que je scotche. Les protections sont infimes. Quand je finis par faire l'acquisition du bon outil, c'est le jour et la nuit. Je comprends vite que, bien évidemment, le renforcement musculaire est important, mais que le matériel fait aussi beaucoup. Sans, je ne pourrai pas produire d'étincelles.
D'autre part, je découvre les classifications en athlétisme. Il y en a plusieurs, en fonction du handicap. Pour les tétraplégiques et paraplégiques, il existe quatre classes. La T54 concerne les paraplégiques bas ou assimilés (comme les personnes amputées). Les T53 sont les paraplégiques sans abdominaux, les T52, les tétraplégiques avec triceps et les T51, sans les triceps. Quand je commence

le sport, le médecin classificateur est partagé entre 51 et 52. J'arrive à lever les avant-bras, ce que l'on ne peut pas faire sans triceps. Cependant, un minimum de résistance et je n'y arrive plus. Au niveau de la France, on me classe en 51 pour ne pas trop me pénaliser. D'autant que je me suis mis à la massue. Je deviens champion de France dans cette discipline. D'accord, je suis le seul compétiteur ! Néanmoins, j'ai le titre ! Dès l'instant où on s'inscrit dans une compétition internationale, le juge nous soumet à une nouvelle série de questions, en anglais, pour déterminer la catégorie dans laquelle on va concourir. Je fais mes tests à Paris pour le meeting international. Le classificateur est portugais. Je suis surpris lorsque, après mes explications, il conclut que je suis un tétraplégique incomplet. Je conçois de recevoir ce genre de remarque de la part d'un internaute, mais un professionnel est censé connaître les conséquences de mes lésions. J'ai beau argumenter, pour lui, un tétraplégique complet, c'est quelqu'un qui ne bouge que la tête. Le couperet tombe. Il m'indique : « Vous êtes T52. » J'ai les larmes qui montent. En T51, c'est dur, le niveau est très haut. En 52, je sais que je n'ai aucune chance. Les athlètes de cette catégorie disposent de leurs bras. Pour certains, ils peuvent même se servir de leurs mains. Je suis blasé. Je vais voir le staff de l'équipe de France. Celui qui m'a classifié confirme que j'ai une position bâtarde. Je prends une grosse claque. On est à Paris, au stade Charletty, l'ambiance est sympathique, le public nombreux, des enfants ont été invités par la fédération. Je fais les meilleurs temps de ma saison. La frustration est quand même forte ; je sais qu'en 52 rien ne sera possible. Plus tard, j'appelle le directeur technique national et je plaide ma cause. J'entreprends de constituer un dossier très contraignant pour une révision de ma classification. Tous me disent que la procédure est délibérément rendue très compliquée. D'ordinaire, j'ai tendance à ne pas trop écouter les différents sons de cloche, mais quand tout le monde est unanime, parfois, il ne faut pas s'acharner. Je finis par laisser tomber. J'en ai gros sur la patate. Je vois s'éloigner mes rêves. Tant pis. Comme tout le monde, j'absorbe. J'ai encaissé des choses bien plus graves. Bats-toi

maintenant. Même dans cette catégorie, essaye de montrer que tu peux faire de belles choses. Je poursuis les compétitions.
Au bout d'un an, je prends la décision d'acheter un fauteuil. Le budget : 7 500 euros. Je n'ai pas cet argent. Je me dis : il faut que j'arrive à récolter des fonds. J'ai l'avantage de connaître du monde en Haute-Savoie et en Touraine et la chance de bénéficier du réseau des pompiers. Très vite, la mobilisation est forte et je commence à recevoir des dons d'entreprises. Je réfléchis aussi à une tenue de sport sur laquelle j'écrirais le nom de mes sponsors. Il faut persévérer. Je parle de mon projet sportif sur les réseaux sociaux, on crée une association familiale. Une de mes collègues décide d'ouvrir une cagnotte, j'en suis encore très gêné aujourd'hui, on en reparlera. En un rien de temps, la somme est réunie. Sur les conseils de David, un paraplégique sans abdominaux, rencontré dans les compétitions, je décide de faire fabriquer mon fauteuil en Angleterre. Le matériel y est moins cher et de bonne qualité. Mes parents n'ont jamais voyagé, je les embarque. C'est l'occasion de les remercier de tout ce qu'ils font pour moi. On part en minibus pour cinq jours. Mon frère et Luna sont aussi du voyage. Le premier jour, on se rend à l'atelier. J'ai emporté mon fauteuil d'athlétisme pour montrer ma position. On prend mes mesures et on m'informe que dans quarante-huit heures, mon fauteuil sera soudé. Nous sommes installés en pleine campagne, les routes sont en bon état, j'en profite pour faire des sorties. Deux jours plus tard, j'essaye le fauteuil, on fait les derniers réglages. J'y retourne le lendemain pour valider. Il ne leur reste plus qu'à le peindre. Il arrive chez mes parents quelque temps plus tard, emballé dans un énorme carton. Je demande qu'on m'attende pour l'ouvrir. Il est vert pomme, ma couleur fétiche dans le sport. Quand je l'essaye, c'est beaucoup plus fluide, mais je dois m'adapter car j'avais pris mes marques avec l'autre fauteuil. On est obligé de procéder à de nombreux réglages. Au début, c'est mon bijou, mon bébé ; il est dans le salon, je le bichonne, je le nettoie à la moindre trace.

Le sport, c'est du loisir, et nous sommes tous logés à la même enseigne, rien n'est pris en charge. Seules les victimes d'accident avec un tiers responsable bénéficient d'un remboursement des assurances. Beaucoup pratiquent donc le sport avec le fauteuil prêté par le club, faute d'autre solution. Tous les jours, je rencontre des personnes qui ont renoncé à faire du sport ou à avoir une voiture par manque de fonds.

Dans ma section handisport est créé un pôle espoir pour emmener des jeunes prometteurs, IMC, amputés, mal-voyants et non-voyants en compétition. Je me sens un peu comme un grand frère, même si je suis handicapé depuis moins longtemps que la plupart d'entre eux. J'arrive avec mon humour. Entre nous, on n'a pas de filtre. On teste, on voit que ça passe, on part dans le grand n'importe quoi. On est dans la dérision puissance mille. On est horribles ! Du style « Ah Yasser, tu as laissé traîner tes jambes », parce qu'il pose ses prothèses avec son pantalon sur le bord de la piste. On les met sous une roue de voiture pour plaisanter et on prend des photos.

Ma vie gravite autour du sport. Un jour, je reçois un mail m'indiquant mon inscription sur la liste des sportifs de haut niveau dans la catégorie collectifs nationaux Première reconnaissance de mon investissement. Je suis aux anges. Ma persévérance porte ses fruits. L'aventure dure deux ans. Cette inscription n'entraîne en fait ni financement ni aménagement du temps de travail mais implique un suivi médical intensif et contraignant. L'intérêt de figurer sur cette liste m'échappe encore aujourd'hui et je ne peux que m'insurger contre le manque de considération des sportifs, et à plus forte raison handi-sportifs, de haut niveau dans notre pays.

En compétition, le pôle espoir finance pour les jeunes, le club finance pour moi. Parfois, ils sont tous dans un hôtel et moi dans un autre. Ça commence à me contrarier. Lors de la dernière compétition de l'année, c'est la même chose. Des modifications dans le planning font que ma course du dernier jour est annulée. À une autre époque, je serais resté. Là, j'ai envie de rentrer chez moi. Je ne me sens plus à ma place. Je m'entends très bien avec tout le monde, mais je suis las. Cette compétition me sape. Au moment de ma course, j'attrape au vol deux inconnus pour m'installer dans le fauteuil. Je me sens isolé, c'est dur. Plus de débrief après les courses. Je suis à des années-lumière de performer. Mon entraîneur le sait aussi. En septembre, quand la saison reprend, il m'écrit : « Tu ne vas pas être content, la présidente a changé les horaires. » Je suis le seul adulte, elle a réduit les plages dédiées, ne pouvant pas mobiliser pour moi seul un entraîneur. Je rentre d'abord dans une colère noire car, de cinq entraînements par semaine, on passe à un seul. Nos discussions n'aboutissent pas. Le monde de la compétition est en train de me dégoûter.

Parallèlement, Luna grandit, elle a ses copines, ses activités. Je ne peux plus lui imposer le stade en permanence. Elle a des devoirs désormais. Je décide d'arrêter. Je mets le projet des Jeux paralympiques entre parenthèses. Être sportif de haut niveau n'est pas compatible avec un emploi à plein temps, encore moins avec une vie de famille.

Je me pose et réalise que depuis deux ans, je n'ai plus de vie. Je passe mon temps au stade, c'est la course, au retour, pour préparer les repas. Je ne sors plus ou quand je me l'autorise, je fais très attention à ce que je bois ou mange. Astreint à une discipline stricte, je suis passé à côté de beaucoup de choses.

Je trouve une salle de sport accessible, *Melting Forme*. Thomas et Claire accueillent des personnes de tous horizons et de tout âge. Je m'y sens bien. Comme ils savent que je n'ai plus de stade d'athlétisme, ça ne les dérange pas que j'apporte mon handtrainer. Je fais aussi de la musculation. J'y passe environ six heures par semaine. Quand je me suis lancé dans le sport en fauteuil, j'étais très compétiteur. Avec du recul, après avoir connu le stress des compétitions, je n'ai plus besoin de me comparer aux autres. Je ne ressens plus la nécessité d'être meilleur que le mec d'à côté. Je veux juste être meilleur que celui que j'étais la veille. Le seul avec qui je suis en compétition, c'est moi. Battre l'autre n'a aucun intérêt pour moi. Quand je participe à des courses sur route, c'est pareil. Je sais que je vais être dernier. Je n'ai pas de pression et je prends plus de plaisir. D'ailleurs, mon compteur est mort il y a un bon moment et je ne l'ai pas changé alors qu'avant, j'étais obnubilé par la vitesse à laquelle je roulais. Dans le handisport, j'ai trouvé une solidarité et une convivialité indescriptibles. Une dimension sociale incroyable. On traverse tous les mêmes complications, tous les jours. Peu importe ta nationalité ou ton handicap, on se comprend sans avoir besoin de mettre des mots, tous branchés sur le même canal. Tous ces points communs sont fédérateurs.

4 bonnes raisons de faire du sport

- Le sport stimule l'interaction sociale. Collectif ou individuel, il permet un mélange enrichissant. On partage avec les valides, qu'on sensibilise à notre état, et avec les handicapés, avec lesquels on échange des astuces.
- Le bénéfice physique est indéniable. Depuis que je fais du sport, je me transfère beaucoup plus facilement, je peux me balader plus longtemps, mes bras fatiguent moins, mes épaules tétanisent beaucoup moins vite. Le sport te muscle et cette musculature t'apporte de l'autonomie.
- Psychologiquement, le sport est un défouloir. On se vide la tête. On peut ne penser à rien ou à quelque chose, mais on en sort toujours apaisé. Et souvent, avec les réponses à nos questions.
- Au niveau physiologique, la libération d'endorphines provoque un sentiment de bien-être. J'ai évoqué la spasticité, un des désagréments majeurs de mon handicap. Quand je finis mes séances, et ce n'est pas de la magie, mes jambes sont molles : c'est un bienfait significatif. J'aimerais que mes jambes soient tout le temps comme ça.

Voilà pourquoi j'encourage quelqu'un qui est en fauteuil à faire du sport. Les possibilités sont nombreuses. Au quotidien, le handicap nécessite un dépassement de soi permanent. Le sport va renforcer cette capacité à repousser les limites. Il aide pour beaucoup de choses dans la vie, c'est bien pour ça que je ne m'en passe pas.

Les 10 sports que l'on peut pratiquer en situation de handicap (et que vous n'auriez pas imaginé possible de pratiquer !!!)

1. Le football : en fauteuil roulant, non-voyant, unijambiste avec des béquilles ! Si, je t'assure, c'est vrai !
2. La course à pied : le fauteuil d'athlétisme permet de parcourir des distances allant du 100 mètres jusqu'au marathon.
3. Le vélo : dans ta tête, forcément, pédaler c'est avec les jambes... Eh bien non ! On peut le faire avec les bras et ça s'appelle du Handbike.
4. La boccia : on y joue avec des balles en cuir, avec seulement la bouche ou le menton. C'est un sport de précision s'apparentant à de la pétanque.
5. Le rugby ! Non, impossible en situation de handicap ! Crois-moi, avec un fauteuil multisport, c'est faisable ! C'est aussi physique que chez les valides et les contacts sont âpres.
6. Le showdown : pour les non-voyants, inspiré des règlements du tennis de table et du air hockey. Il nécessite un silence total, les adversaires se renvoyant une balle sonore à l'aide d'une raquette dans l'optique de marquer un but.
7. Le toarball et le goalball : sports collectifs d'opposition pour les personnes déficientes visuelles. Les équipements varient selon le sport, mais le principe reste le même : Les joueurs adverses, debout ou à genoux (sans qu'une partie supérieure du corps touche le sol), attendent le tir de l'attaquant pour déclencher la position de défense (un plongeon, très souvent).
8. Le tir à l'arc. Tu es persuadé qu'on a absolument besoin de ses bras, mains et doigts pour pratiquer cette discipline ? Pas du tout. Certains arrivent à tirer avec leurs pieds ou même à décocher leurs flèches avec la bouche.
9. Le volley-ball assis. Oui, assis. Les règles sont quasi les mêmes que pour le volley-ball, à la différence que les pratiquants ont un handicap physique.
10. Le ski ! Ce ne sont pas vos yeux, j'ai bien écrit : le ski ! Le sport qui m'a collé le cul dans un fauteuil. Il est possible de faire du ski alpin en uniski, en dual ski, on peut même faire du ski de fond !

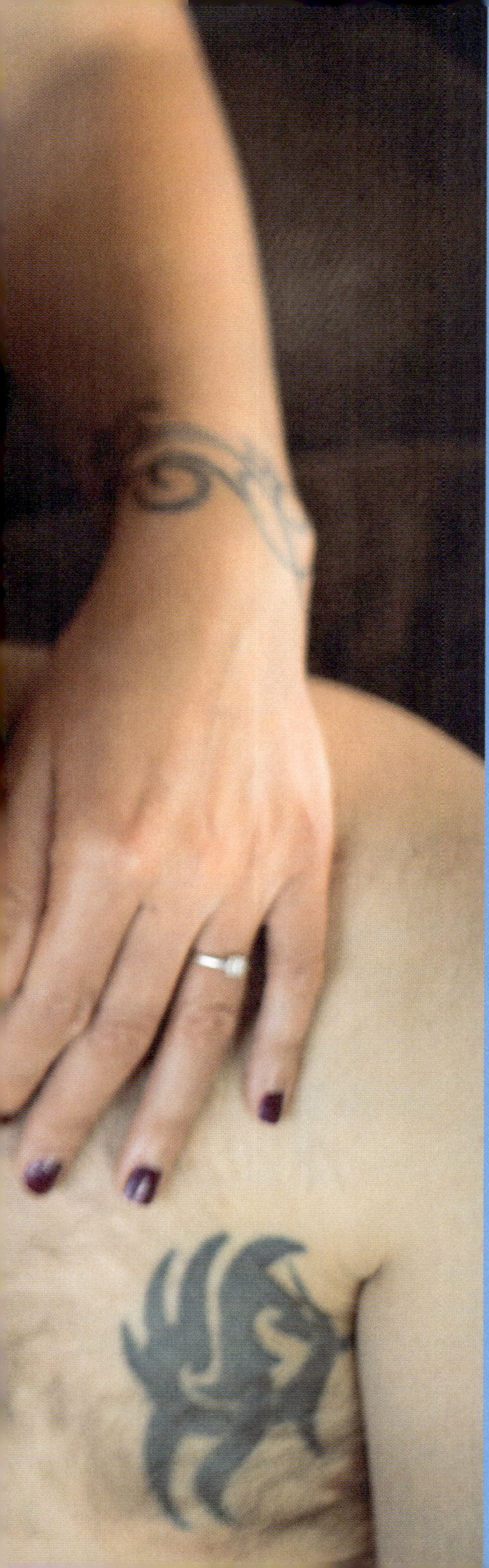

La vie sentimentale et la sexualité

La question de la sexualité vient assez rapidement après l'accident. Bien entendu, au départ, on a d'autres chats à fouetter que la mise en œuvre de la vie amoureuse. Mais soyons honnête, ça reste dans un coin de la tête : « Je ne peux plus bouger mes jambes ; le ventre, non plus. Entre les deux, j'ai un sexe. Qu'est-ce qu'il peut faire ou pas ? » On est tous concernés par le sexe. Quels que soient nos besoins, nos orientations, nos habitudes, c'est un élément très important dans la vie d'un adulte. Je suis de ceux qui pensent que si la vie intime n'est pas satisfaisante dans un couple, le reste ne va pas non plus. L'accident bouleverse la donne de la vie à deux. Et à ce sujet, que va-t-il se passer ? Questionnement légitime. Je découvre certaines réponses tout seul comme le matin, par exemple, où j'ai des érections. Même constat lors des tentatives de verticalisation, comme je l'ai déjà évoqué. Positif ! Déroutant aussi. Chez les hommes valides, deux mécanismes entrent en jeu dans le processus. En premier lieu, le cerveau a une pensée excitante, le message est transmis au sexe, ce dernier se dresse. En deuxième lieu, la stimulation tactile provoque l'érection. Chez les blessés médullaires comme moi, la moelle épinière et le sexe ne sont plus connectés. Ce canal-là n'est plus efficient. Ça n'empêche pas d'avoir les pensées, heureusement, mais l'excitation n'a pas d'effet mécanique. Seul le toucher déclenche un afflux de sang, donc une érection. Seulement, on découvre vite que ce phénomène est assez bref. Comment faire ? La sexualité, pour grand nombre de médecins, n'est pas une priorité. Pourtant, lorsque le patient est stabilisé et que la rééducation est engagée, la normalisation devrait passer par une prise en charge à ce niveau. Les consciences ont évolué depuis mon accident et certains centres orientent rapidement les patients vers un interlocuteur compétent. Mais il reste encore de grandes lacunes à combler. En ce qui me concerne, le sujet est brièvement évoqué avec mes praticiens, mais ils ne sont pas spécialistes, on ne rentre pas dans les détails. Or, ma compagne et moi éprouvons un désir d'intimité. Ce dernier est malmené par ma condition et la difficulté de nous retrouver en tête-à-tête. Il est, de plus, entamé par l'ignorance dans laquelle nous sommes des moyens de compensation. Sans mauvais

jeu de mots, par quel bout prendre la chose ? La sexualité relève du tabou, alors quand on y ajoute hôpital, maladie ou handicap, on s'engage presque dans une mission impossible ! À combien de préjugés faut-il encore tordre le cou ? Je trouve quelques pistes sur internet. Ce n'est pas suffisant. Par ailleurs, si aujourd'hui je parle spontanément de ce sujet, ça n'a pas toujours été le cas. Au début, on est assez mal à l'aise et pourtant, je suis quelqu'un d'ouvert. Comment font les gens très timides et réservés ? Ils peuvent trouver l'épreuve insurmontable.
La thérapie intervient tardivement dans le processus de rééducation, à ma demande. La sexologue m'explique différentes solutions pour contrecarrer cet afflux sanguin trop éphémère… J'entre alors dans un autre monde, un monde insoupçonné d'accessoires divers. « Il va falloir essayer », m'encourage-t-on. L'utilisation de sex-toys est la première indication. Les anneaux péniens permettent une constriction et le maintien du sang dans les corps caverneux, donc l'érection. Me voilà avec ma copine et mon fauteuil dans un sex-shop, un endroit où je n'ai jamais mis les pieds avant : « Bonjour ! Eh bien voilà, je veux un cockring, et puis ça, ça et ça… » Certes, ce genre de magasin s'est beaucoup démocratisé en dix ans, ce ne sont plus des boutiques glauques dont on se refile l'adresse sous le manteau. Mais si les enseignes ont désormais pignon sur rue, le lieu garde un relent d'interdit. Voilà pour la version douce. Si ce n'est pas suffisant, on se tourne vers un traitement médical de la dysfonction érectile comme le Viagra ou le Cialis. Ils sont efficaces mais ont leurs limites. D'abord le prix, environ quinze euros le cachet. On réfléchit donc à deux fois avant de l'avaler, car de nombreux événements peuvent contrarier les plans. Ce n'est peut-être pas le bon soir, notre partenaire n'a pas envie… Non seulement on risque de gaspiller une cartouche, mais on peut être gêné pendant plusieurs jours, notamment avec le Cialis. La moindre friction entraîne une érection… Les répercussions sont embarrassantes, pendant les séances de kiné par exemple. Il existe aussi des injections à faire dans la verge à l'instant T. On peut encore subir une intervention chirurgicale et la pose d'une prothèse pénienne gonflable ou semi-rigide.

Tous ces artifices nécessitent une grande souplesse de la part de notre partenaire. Tu l'auras compris, le gros problème est la perte de spontanéité. Un rien vient gripper la machine. Un peu d'alcool, quelques excès alimentaires et les effets du médicament sont réduits. Devoir anticiper un rapport lui fait perdre beaucoup de son charme et fait fuir l'envie. Que faire ? Tu peux éventuellement programmer l'acte avec un(e) sex-friend, mais en couple, ça ne se passe pas comme ça. L'alchimie qui préside à l'intimité est beaucoup plus subtile. Quoi qu'il en soit, la rééducation sexuelle est certes une démarche personnelle, mais elle se vit nécessairement à deux. Il est indispensable d'avoir auprès de soi une personne réceptive et volontaire. On fait des essais, on essuie des échecs. Il faut être costaud dans sa tête et dans son couple pour surmonter la frustration quand ce que l'on tente de mettre en place ne fonctionne pas. Bien entendu, il n'y a pas que la pénétration : on prend du plaisir autrement. Mais on a aussi le droit d'avoir envie de cet acte-là. On entreprend la démarche pour atteindre ce but en plus de tous les ajustements que l'on a pu faire en parallèle. Pourquoi faudrait-il s'en priver, s'il existe des moyens d'y arriver ? Il n'est pas évident de passer à travers les ratés sans dommage. La déflagration est violente. On ne sort indemne de cette tornade qu'avec une grande complicité, en saupoudrant abondamment la relation d'humour et de légèreté. C'est encore plus vrai peut-être dès lors qu'un des partenaires est en situation de handicap, mais la connivence, tant dans le quotidien que dans l'intimité, préside à l'épanouissement de chaque membre d'un couple. Plus la joie est présente moins on prend le risque de se laisser envahir par le doute. Elle est tenace cette petite voix qui dit : « Ça ne marchera jamais. » Il faut faire attention, ne pas entrer dans l'engrenage du découragement ou de la culpabilité. On peut vite atteindre son partenaire, le blesser. Il est très important de rester attentif. Une fois que l'on a trouvé la méthode qui convient, les choses sont plus simples. Une communication sans faille est primordiale, que l'on soit en présence d'un partenaire de longue date ou au moment des premières découvertes. Il m'est arrivé d'avoir de grandes conversations avec une

femme et que nous nous soyons expliqués sur les différentes possibilités qui s'offraient à nous dans l'intimité avant de passer à l'acte. *A contrario*, j'ai déjà eu des relations avec des femmes où il ne s'est rien dit avant et, le moment venu, on explique. Il n'y a pas de règle, de vérité absolue. Chacun réagit en fonction de sa propre sensibilité et de celle de son/sa partenaire. Le tout est de faire en sorte qu'il y ait le moins de gêne possible, que rien ne vienne entraver la magie de l'instant. Il ne faut pas oublier qu'il existe de multiples chemins pour accéder au plaisir. Les stéréotypes sont extrêmement réducteurs.

Lorsque la maman de ma fille et moi nous sommes séparés, j'ai endossé un nouveau statut : célibataire handicapé. Avec ma compagne, le rapport de séduction était installé avant le handicap. Il s'est dégradé sans que mon accident en soit la cause. La vie sentimentale est déjà compliquée quand on a deux bras et deux jambes. Je m'interroge sur le pouvoir érotique de quelqu'un comme moi. En même temps, les cicatrices, c'est l'histoire qu'on trimballe et qui nous constitue. Pendant les quelques mois qui me restent à passer en Haute-Savoie avant mon retour en Touraine, je m'inscris sur des sites de rencontre. Sans chercher d'histoire sérieuse, je tente l'aventure de séduire à nouveau. Pas évident. Je manque alors de recul et ne suis pas très à l'aise. Sur mes photos, on ne voit pas mon fauteuil. Non pas que je cherche à le cacher, mais je ne désire pas l'exhiber. Le petit texte de description ne mentionne pas que je suis tétraplégique. Attention, pas question de prendre une femme en traître. Je ne m'imagine pas discuter, voir naître une certaine complicité et au premier rendez-vous : « Surprise ! Je suis en fauteuil. » Ça, c'est hors de question. C'est dégueulasse, ça ne se fait pas. Très rapidement au cours des premiers échanges, j'explique ma situation et ce que ça représente. En général, une fois l'annonce faite, les questions viennent assez rapidement. Une qui jaillit dans les dix minutes (et les nombreux témoignages que j'ai recueillis ne font pas de différence entre la curiosité des hommes et celle des femmes), c'est : « Est-ce que ça fonctionne ? » Il est étonnant de constater à quel point le fauteuil semble lever les tabous lors d'une entreprise de séduction. J'ai en tête de très bons reportages de France Télévision, *Dans la peau d'un handicapé,* où des valides prennent la place d'une personne en fauteuil. Accessibilité, sexualité… Ça m'a marqué à vie. J'avais découvert à l'occasion de ce reportage que la personne en fauteuil n'avait pas de mal à entrer dans le jeu de séduction et se faisait même accoster. Je décide un jour d'aller à un bal des pompiers avec des amis. Même si je ne suis pas là-bas pour ça, je constate que des femmes me regardent. L'une d'elles vient me demander mon numéro de téléphone. Un peu surpris, je le lui donne. Le lendemain matin, j'ai un message via les réseaux sociaux : « Je t'ai vu hier soir, je t'ai trouvé très mignon. » Tiens, c'est marrant. Mon corps transformé me semble peu séduisant. Pourtant, j'arrive à plaire. Comment se fait-il qu'on m'ait remarqué ? En fait, quand tu vas dans un endroit où il y a foule, comme le bal des pompiers, qui tu vas repérer ? Le plus petit, le plus grand, celui qui est en fauteuil roulant. « Ah, il est mignon pour un handicapé. » Cette phrase, dans la société d'aujourd'hui, est politiquement incorrecte. C'est horrible d'entendre ça, mais c'est une réalité. Cette phrase existe. Et cette particularité, le fait que ton fauteuil saute aux yeux, il faut l'utiliser, ne pas considérer ça comme un handicap justement, au contraire, utilise-le, utilise-le bien… Un peu plus tard, je rencontre une femme. Il se passe ce qui peut se passer entre deux adultes consentants. Elle sait dès le départ que je ne veux pas m'engager puisque je vais repartir. Cette personne, j'ai de la chance, s'est séparée d'un homme tétraplégique avec lequel elle a vécu pendant trois ans Elle connaît les codes. Cela facilite mes premières relations intimes après la rupture avec ma conjointe. Quand on se sépare, j'ai ce fardeau. Est-ce que je porte seul l'échec de notre vie intime en raison des bouleversements engendrés par mon handicap ? L'histoire ne dure pas longtemps, mais ça se passe très bien, je suis rassuré. Je fais d'autres rencontres. Une sexualité nouvelle se révèle à moi. J'ai des aventures éphémères. Certains appelleraient ça des « plans cul ». Dans mon cas, le rapport à l'autre est différent parce qu'on a une intimité particulière. Automatiquement, ça crée des liens, tu ne peux pas avoir un coup d'un soir. Il y a une telle nécessité de communication ! Finalement, dans ma peau de handicapé, je peux prendre du plaisir et en donner. Ça fait du bien de savoir que ce n'est pas parce que tu es en fauteuil que tu n'es plus désirable. Parce que c'est ça, au départ ; se dire : « Est-ce que je vais donner envie à quelqu'un malgré mon corps ? Est-ce que je vais réussir à donner du plaisir malgré ma situation, malgré ces moments qui précèdent l'acte où, évidemment, se déshabiller, ce n'est pas comme d'habitude ! » Même si ça n'empêche en rien de faire comme tout le monde, il y a tous ces petits instants avant, où s'allonger ne se fait pas en une demi-seconde. Il va falloir prendre le temps de se transférer et se mettre dans le lit. Même si ça ne prend que deux ou trois minutes, ces minutes, il faut les garder dans le jeu, surtout dans l'intensité de l'instant, il faut inclure ce moment dans cette période de désir. Le regard de l'autre dédramatise ce corps dont on pense qu'il ne va pas plaire parce qu'il est abîmé.

Comment l'autre peut-il ne pas être dégoûté par moi ? Comment peut-il me trouver désirable alors que je ne suis pas dans la normalité ? Malgré tout, cet autre me trouve beau. Cela m'a appris aussi à relativiser sur le corps de ma partenaire. Avant j'étais aussi exigeant sur le corps de ma partenaire qu'envers moi-même. Je pensais n'être excité que par un corps « parfait ». En fait, j'ai découvert que ce n'est pas là que réside l'excitation. Quand j'ai réalisé ça, j'ai compris que je pouvais susciter cette sensation chez une autre personne.

En tant qu'homme hétérosexuel, je trouve naturel qu'une femme se pose des questions : « Éprouve-t-il du plaisir ? Que dois-je faire pour lui en procurer ? Quelle sensation peut-il avoir puisque cet endroit n'a plus de sensibilité ? Serai-je la seule à avoir du plaisir ? » Si on réfléchit bien, indépendamment du handicap, la rencontre avec une nouvelle personne soulève bien des interrogations. Le ou la partenaire aime être caressé à tel ou tel endroit, ne supporte pas d'être touché à tel autre. Chacun doit dire ses préférences et s'accorder. Avant mon accident, je

n'avais pas la même vision des choses. Je pensais qu'il n'était pas utile de parler, que c'était plutôt bon signe qu'on n'ait pas à se donner d'indications. Maintenant, parler fait partie du processus. J'explique : « C'est une zone sensible, la peau est très fine à cet endroit et même si je ne vois pas, je sais à quel moment on me touche. » Comme je l'ai déjà formulé, et je ne trouve pas d'autre façon de le faire, je n'ai plus la même perception au toucher, mais je ressens. Au bout du compte, ma sexualité n'est pas différente de celle de monsieur ou madame Tout-le-monde. Ou plutôt, si, chaque sexualité est unique. C'est ce qu'il faut comprendre. Alors, oui, on se doute que je ne peux pas faire de prouesses dans toutes les positions. Mais est-ce cela qui importe ? Maintenant, j'ai compris que, pendant l'acte, le plaisir est dans la complicité. Je vis intensément le fait d'être ensemble et de partager. Le handicap m'a obligé à élargir ma vision des choses. C'est un cadeau précieux. Mon plaisir, complètement différent maintenant, passe énormément par celui de ma partenaire. Le sexe à deux, c'est être attentif au plaisir de l'autre. Parler crée un lien fort et fait tomber les barrières par rapport à ce qui est censé être. Ça libère d'un carcan. L'acte sexuel va se vivre autrement que comme il est habituellement représenté et, pour autant, il ne sera pas raté. Aujourd'hui, dans ma sexualité, je suis moins handicapé qu'avant mon accident, bien plus à l'aise. Je suis beaucoup plus épanoui. Ma vie sentimentale est plus riche depuis que je suis en fauteuil. Par la force des choses, j'ai été amené à aborder ma sexualité autrement et c'est bien mieux comme ça. Il ne faut pas, homme ou femme, avoir peur du : « Comment ça va se passer ? » La clé ? De l'ouverture d'esprit. Identifier et exprimer ses besoins, être à l'écoute l'un de l'autre. Si j'avais un message à transmettre à une personne handicapée qui a peur d'aller vers quelqu'un, ce serait : « Ne stresse pas. Tu es mal à l'aise avec ton corps, tu n'es pas le/la seul(e) : des personnes valides ont le même ressenti avec leur physique. Tu peux plaire à quelqu'un. Être handicapé, ce n'est pas renoncer à la sexualité. » En fait, chacun doit se sentir libre. Je connais un paraplégique qui ne souhaite plus avoir de vie sexuelle. Il ne retrouve pas ce

qu'il a connu avant, ne prend pas de plaisir comme ça. Donc, il ne le fait pas, c'est son choix. L'abstinence, si elle n'est pas forcée, est un chemin. Une vision valable pour n'importe quel individu, en fait.
J'ai évoqué mon accident, le soutien de ma compagne, la naissance de ma fille et la fin de mon couple, due à une usure réciproque et dont mon handicap n'est pas la cause. Si je suis célibataire aujourd'hui, ce n'est pas par volonté de ne pas m'engager dans une relation sérieuse. J'ai vécu de belles histoires, plus ou moins longues, depuis ma rupture et mon retour en Touraine. Une chose est sûre : je veux préserver ma fille. Les enfants ont besoin de repères, de stabilité. Je ne trouve pas souhaitable de présenter quelqu'un trop tôt. Il est indispensable de prendre son temps. Je ne veux pas me précipiter et prendre le risque que ma fille ne sache plus où elle en est.
Une relation entre une personne valide et une personne handicapée reste délicate. Et il est sans doute hélas encore plus difficile pour une femme handicapée de faire une rencontre, même s'il ne faut pas en faire une généralité. J'ai connu des échecs via les sites de rencontre. Tout se passe bien jusqu'à ce que j'indique que je suis en fauteuil roulant. Là, du jour au lendemain, mon interlocutrice ne donne plus signe de vie. Le handicap peut effrayer quand on ne cherche pas à aller au-delà des apparences. Pourtant, mon célibat, je pense, n'est pas lié au handicap et ce dernier n'a jamais été une cause de rupture. Dès le début d'une relation, je mets en avant mon autonomie. Je cherche quelqu'un pour vivre de bons moments à deux. Je n'ai pas besoin d'une aide-soignante ou d'une aide-ménagère, j'ai tout ce qu'il me faut. Je me débrouille très bien. Là encore, chaque histoire a son propre cheminement et certains font le choix, en plus d'être le compagnon ou la compagne, d'être aidants. Il n'y a pas de bonne ou de mauvaise manière d'être, dès lors qu'on est au clair. Pour en revenir à la rencontre, il est important de mettre l'autre en confiance. Si j'invite une femme à la maison, je prépare le dîner. Elle n'a rien à faire, elle peut constater une forme de normalité et être soulagée. C'est important que les personnes handicapées

montrent ce dont elles sont capables. Pour l'autre, c'est la plongée dans l'inconnu. Il est légitime d'avoir besoin d'être rassuré, que ce soit dans la façon dont on appréhende les activités quotidiennes ou la manière de se comporter en couple. On n'a pas tous le même besoin d'attention, d'affection, ni les mêmes capacités à effectuer certains gestes. Celle qui voudra de moi devra accepter que je ne puisse pas lui tenir la main dans la rue. Pour m'embrasser, il faudra qu'elle se penche sur le fauteuil. Ce sont d'infimes détails, un cumul d'empêchements. D'un autre côté, il y a certains avantages : elle pourra s'asseoir sur mes genoux. Un autre paramètre entre en ligne de compte : mon activité sur les réseaux. Elle est à double tranchant. Certaines femmes sont attirées par mon côté « personnalité publique », potentiellement « inaccessible ». Je ne cache pas à mes abonnés mon statut amoureux, je l'évoque régulièrement assez librement. Ma notoriété attire et fait que certaines personnes osent m'ouvrir leur cœur en message privé, ce qui peut être un accélérateur. Sur les sites de rencontre, en revanche, mon compte Instagram étant mentionné, ça peut être un frein. La jeune femme sait tout de suite qui je suis, et souvent, elle ne cherche pas à aller plus loin.
Je ne désespère pas d'engager un jour une relation durable. Il est possible qu'une future compagne ait envie d'avoir un enfant. C'est normal. Il est important de savoir que handicap ne veut pas dire incapacité à devenir parent. Peu importe la méthode, il y en a plusieurs, de la manière la plus naturelle possible jusqu'à la PMA. Quant au quotidien avec un enfant, j'ai prouvé avec ma fille que j'étais capable de l'assumer seul.
On peut évoquer ici la question des assistants sexuels. Certaines personnes sont empêchées par leur handicap, soit parce qu'elles n'osent pas aller vers l'autre, soit parce qu'elles ne peuvent pas. Elles ont des envies comme tout le monde et sont dans une impasse, avec une grande frustration. Physiquement, certains (qui ne bougent que la tête par exemple) n'ont même pas la capacité de se procurer du plaisir. Dans ces circonstances, un assistant sexuel peut prendre en compte les attentes, les contraintes et la spécificité de la personne handicapée. C'est un

professionnel, un thérapeute. Le côté dérangeant de tout cela, c'est qu'il s'agit d'une prestation rémunérée. En France, c'est interdit car assimilé à de la prostitution. Voilà pourquoi le statut d'assistant sexuel est source de polémique. Peut-il être comparé à celui d'un travailleur du sexe ? La relation tarifée est taboue. Je n'aurais rien contre la prostitution légale, dans la mesure où c'est encadré, où les personnes sont volontaires, mais... choisit-on de se prostituer ? Ne serait-ce pas plutôt pour des raisons financières, parce qu'on vit dans la précarité ou parce qu'on est sous la coupe de quelqu'un ? C'est très compliqué à savoir. Ce qui motive la démarche d'un assistant sexuel est sans doute différent. Il serait intéressant d'en débattre avec un tel professionnel. Ça reste néanmoins une relation tarifée et, à titre personnel, je ne me verrais jamais payer quelqu'un pour avoir une relation sexuelle. À partir du moment où il y a une notion d'argent, je doute de la sincérité de l'acte. Quoi qu'il en soit, patient ou client, en général, de tous les retours qui m'ont été faits, il y a une forte complicité entre la personne handicapée et son assistant(e). Complicité qui peut sans doute parfois prêter à confusion. Un danger qui existe au même titre, par exemple, qu'avec un ou une sex-friend où, parfois, ce qui était juste de la sexualité entre personnes consentantes se transforme en sentiment amoureux. Je reste donc partagé. Pour être autorisée, une telle pratique devrait être fermement régulée. Une législation très carrée à ce sujet permettrait à toute personne en situation de handicap d'avoir droit à une sexualité. À ce titre, comme pour l'accessibilité, il ne faudrait pas que certains soient mis de côté en raison de leur handicap.

La parentalité

Dès les premiers instants, à la maternité, Luna et moi nous sommes littéralement attachés l'un à l'autre. Lorsque, quelques mois après sa naissance, je reçois ma voiture, je l'ai expliqué, mon rayon de liberté s'élargit. Je peux jouer mon rôle de père hors de la présence de la maman, ce qui n'est encore jamais arrivé… Je vais chercher ma fille chez la nourrice. Dans les premiers temps, je me fais accompagner par l'aide à domicile. Installer et désinstaller un bébé dans son siège auto est déjà une gageure quand on est valide, alors quand on a des mains en mousse ! Au retour, l'aide accomplit quelques tâches. Avant son départ, je lui fais préparer un biberon. Je m'installe dans le canapé, ma fille calée avec le gros coussin d'allaitement et quelques jouets à ma portée. Il faut l'occuper et croiser les doigts pour qu'il ne se passe rien de grave. Parfois, on peut rester deux heures comme ça… Instinctivement, elle ne fait rien qui puisse la mettre en danger. Notre relation, forte, se tisse. Rapidement, je me passe de l'aide à domicile pour aller chercher Luna. Je la fais simplement venir cinq minutes avant mon retour à la maison ; elle sort la petite de la voiture et le tour est joué.
Luna grandit dans un environnement auquel elle s'adapte. Elle a su faire énormément de choses, comme s'habiller seule, très tôt. Mon handicap lui a apporté une autonomie précoce. Elle ne comble pas les manques de son père mais apprend à devenir une petite fille qui s'assume. Mon rôle est celui de n'importe quel parent : accompagner ma fille, lui donner la meilleure éducation possible, lui apporter tous les outils dont elle a besoin pour devenir quelqu'un de bien. Ma parentalité est arrivée au bon moment ; je la vis comme une chance. Elle a été salvatrice. C'est ce qui m'a aidé à me surpasser, à accélérer ma rééducation. Au quotidien, elle m'impose de me remettre en question, de faire en sorte que, malgré le handicap, on vive normalement.
Au moment de la séparation, je n'imagine pas vivre loin de ma fille. Je vais essayer de rentrer le plus vite possible. Je sais que je vais être séparé d'elle le temps d'obtenir une mutation. En attendant, on s'organise pour les vacances en alternant quinze jours avec moi, quinze jours avec sa maman. Jamais je ne suis resté

seul avec Luna pendant aussi longtemps. La première quinzaine, mon frère, mes quatre sœurs et mon beau-père amènent Luna en Haute-Savoie. J'ai donc du monde autour de moi, au cas où. Je m'entraîne pour attacher et détacher la ceinture en voiture. À huit dans mon T3, on passe d'extraordinaires vacances qui ont le goût de notre passé de famille nombreuse ! On se balade, on va au lac. Luna repart, elle fête ses trois ans. Quinze jours plus tard, au moment de partir la chercher à Tours, mon appréhension est forte. Cette fois, j'évolue sans filet. Je tente de me rassurer. « La première fois, la famille était là, tout s'est bien passé. Il n'y a pas de raison qu'il en soit autrement. En plus, tes voisins sont des amis proches, s'il y a un souci, tu téléphones. » Je suis un peu hésitant, car on ne sait jamais ce qui peut arriver. Si le pire survient, est-ce que je serai à la hauteur ? En même temps, si je pense à tout ce qui peut arriver de grave, je ne fais rien parce que j'ai trop peur. La peur paralyse. Elle concerne tout le monde, pas seulement les personnes dans ma situation. La peur génère un handicap. Je repars donc avec Luna, que j'installe dans son siège à l'avant pour pouvoir réagir si elle a besoin de quelque chose. La route se passe sans encombre. C'est la première fois que je parcours une si longue distance seul avec elle.

J'ai planifié des activités tous les jours. Pour une partie d'entre elles, je me fais accompagner. Pour les autres, c'est un grand challenge afin de me prouver que je peux m'occuper de ma fille sans l'assistance permanente d'un tiers. Je veux lui inculquer que même si son papa est en fauteuil, elle n'aura pas une enfance différente de celle des autres enfants. Un petit incident va néanmoins émailler ces vacances parfaites. Quelques mois plus tôt, lors du Noël des pompiers, j'avais amené Luna à la projection d'un film, en espérant (entre autres) qu'elle n'aurait pas envie d'aller aux toilettes. J'avais découvert alors sa fascination pour le grand écran ; elle n'avait pas bougé pendant une heure et demie. Un soir d'été, donc, on va au cinéma. On s'offre des pop-corn. Dans la nuit, elle me réveille en pleurnichant : « J'ai vomi partout ! » Je pense : « C'est la faute des pop-corn. » Elle apporte des lingettes, je la fais grimper dans le lit à côté de moi et je la nettoie.

Je rassemble les vêtements sales dans un sac. Elle se débrouille incroyablement bien, va récupérer un pyjama. Je la rassure : « T'inquiète pas, la chambre, on s'en occupera demain. » Et elle vient dormir avec moi. Par précaution, je pose un récipient à côté d'elle. En fait, ce ne sont pas les pop-corn mais bien une gastro-entérite. Elle vomit toute la nuit avant de s'effondrer de sommeil au petit matin. Là, grosse culpabilité. Même malade, elle est adorable, mais j'ai le sentiment diffus de ne pas avoir été à la hauteur. N'importe quel parent lui aurait fait prendre une douche, aurait changé les draps, et l'aurait recouchée dans un lit propre. Ça, je ne peux pas le faire. Même si finalement on s'en est bien sortis, je me rends compte que j'ai encore beaucoup à apprendre. Si ça arrive encore, je veux pouvoir m'occuper d'elle et lui apporter le réconfort que j'estime lui devoir. Si ça recommence, c'est à moi d'aller vers elle qui appelle et pas à elle de venir me trouver. C'est une grosse source de motivation pour me dépasser. Alors, avec mes kinés et mes aides à domicile, je m'entraîne. Je sais me transférer dans le lit, mais pour en sortir, c'est plus compliqué. J'ai beaucoup de mal. Quelque temps plus tard, une nuit, je l'entends pleurer. Comme d'habitude, je lui lance : « Viens voir papa. » Elle ne réagit pas. Cela m'agace. Je ne comprends pas pourquoi elle continue de gémir sans bouger. Dans ces moments de stress, tu ne sais pas d'où ça vient, mais ce que tu n'as pas réussi à faire avant, tu y arrives. Pour la première fois, je parviens à me hisser assez facilement dans le fauteuil depuis mon lit. Ce n'est même pas laborieux. Je peux aller la voir, la rassurer. Quand j'arrive, elle se calme d'ailleurs rapidement. Je sens sa surprise. « Qu'est-ce qu'il fait là ? » C'est tellement inhabituel ! Il s'agit cette fois d'un vilain cauchemar. On fait un câlin et tout rentre dans l'ordre. Le sentiment de culpabilité laisse place à une grande fierté. Je me recouche heureux. Maintenant, tu sais que tu peux te lever. Même si tu ne le feras pas tous les jours. Aujourd'hui encore, c'est rare, parce que mon fauteuil n'est pas bloqué, je ne suis pas à l'aise. Mais je sais qu'en cas de besoin, c'est faisable.

À la fin des quinze jours de vacances, j'ai tout connu. Le plaisir d'être seul avec elle. La peur du danger quand je suis seul avec elle. La prise de conscience que

je suis capable de gérer. Lorsque je la ramène, je sais qu'on peut valider la garde alternée envisagée à mon retour.
C'est la rentrée scolaire. Hors de question que je rate la première rentrée de ma fille. Je viens passer quelques jours en Touraine. Je me gare sur la place handicapée devant l'école. Je rentre dans la classe avec le fauteuil. Je vis cette rentrée comme n'importe quel parent. La maman est très émue de laisser sa fille, quant à moi je retiens mes larmes. Évidemment, tout se passe très bien jusqu'à ce qu'on s'en aille. Là, Luna hurle ! On s'empresse de partir dans l'espoir que les cris ne s'éternisent pas. Lorsque nous venons chercher notre enfant en fin de journée, la maîtresse confirme que les pleurs ont cessé très rapidement. Après avoir mis ses chaussures, le premier réflexe de Luna est de venir s'asseoir sur mes genoux. Pour repartir, on doit longer le couloir, emprunter une petite rampe et traverser la cour, assez vaste. On a le temps d'être vus. À ce moment, j'ai vraiment l'impression que ma fille ne s'est pas installée là seulement pour l'aspect sécurisant des retrouvailles avec son papa. Non. Elle est là pour dire aux autres, et je pense qu'elle l'a fait clairement dans cette intention : « Vous avez vu ? Moi je peux me déplacer assise sur mon papa et sans effort. » Je sens la fierté dans son regard, c'est gros comme une maison. Or, une de mes craintes était que l'on se moque d'elle à cause de mon statut. Les enfants sont durs. D'instinct, ce jour-là, en sortant sous le regard des copains et des copines, elle a cette présence d'esprit : je vais montrer aux autres que c'est un avantage, une force plutôt qu'une faiblesse. Je trouve ça génial. Elle inverse la vapeur directement. Quand, plus tard, je vais la chercher à la garderie ou dans la cour de l'école, tous les enfants viennent me voir, s'agglutinent autour du fauteuil. Luna n'a jamais eu à subir de moquerie. Les enfants se posent des questions et Luna sait déjà répondre. À l'époque, ce n'est pas moi qui lui ai appris, mais sa maman. Un jour, alors que quelqu'un lui demande ce qu'il m'est arrivé, elle déclare : « Mon papa a eu un accident de ski et ses jambes ne fonctionnent plus. » Je suis surpris. Voilà la phrase qu'elle a retenue. Et pour expliquer aux enfants,

ça suffit. À cet âge, ils ne sont pas encore pervertis par le regard de la société. Ils n'ont pas cette capacité à se dire que c'est bien, c'est mal, c'est triste : ça éveille juste leur curiosité.

> **Les enfants sont formidables...**
>
> Luna, en maternelle, avait prévenu ses camarades : « De toute façon, si y en a un qui m'embête, mon père il lui roule dessus ! »

Je me suis souvent obligé, pour plus de sécurité, à réclamer une assistance lors des activités que je proposais à ma fille. Avec le temps, la présence d'un tiers n'est plus forcément nécessaire. Il n'en reste pas moins qu'improvisation et handicap ne font pas bon ménage. Parfois, j'aimerais plus d'insouciance. Comme, par exemple, un matin, décider de partir tous les deux au bord de la mer, à l'aventure. Mais finalement, pourquoi pas ? Au hasard, je choisis La Rochelle. Je ne connais pas cet endroit, j'ai envie de le découvrir sans me préoccuper d'éventuelles restrictions. Je trace la route et on verra sur place. Dans cette envie, il y a ce défi permanent : « Suis-je un père comme les autres ? » Et ce jour-là, la réponse est oui ! On descend sur la plage, on joue ensemble, on va déjeuner au restaurant et on se balade avant de rentrer. Bref, on passe une belle journée en bord de mer. Quelle bonne idée, nous sommes confinés le lendemain !

Je me suis aussi interrogé sur les raisons qui me poussent à m'exposer avec ma fille sur les réseaux. Est-ce que c'est du narcissisme ? Une façon de chercher de la reconnaissance ? « Eh, regardez, je suis un super père ! » Puis, je me rends compte que je me moque de ce qu'on pense de moi. Je suis comme tout le monde, je ne suis pas parfait. Des fois je m'énerve, je fais de la merde avec Luna, on en fait tous avec nos enfants. Le rôle de parent, je le découvre comme tout parent, sur le tas. Et j'apprends. La preuve, je me pose de plus en plus de questions sur notre relation, sur la parentalité. Je ne cherche pas les réponses à l'extérieur, c'est un cheminement intérieur. Est-ce que mes décisions sont bonnes ou mauvaises ? Il n'y a pas si longtemps, je ne réfléchissais pas autant. Maintenant, je me demande comment agir au plus juste pour chacun. Je cherche à évaluer ma propre attitude, à comparer avec ce que j'ai vécu enfant, avec la façon dont j'appréhende la société, et je réajuste en me disant, au fond de moi : « Voilà la cuisine éducative que je choisis. »

Je dois aussi faire attention à ne pas nous enfermer dans un rapport trop exclusif. C'est l'écueil que rencontre tout parent en solo. J'ai eu cette tendance, pendant un moment. Ce n'est sain pour personne, ni pour elle, ni pour moi, ni pour une personne qui entrerait dans notre vie. Pour pouvoir construire une vie amoureuse lorsqu'on est séparé de l'autre parent, il faut adopter une position d'adulte. L'enfant peut batailler ferme contre le nouveau partenaire, considéré comme un intrus. Notre culpabilité nous incite à prendre systématiquement sa défense, même s'il ne se comporte pas correctement. C'est lui donner un pouvoir dont il ne doit pas disposer. C'est toxique. J'ai appris ça. De même, Luna n'a pas besoin de tout savoir. Parfois, il arrive qu'elle dorme chez ma maman et demande des explications. Si j'ai un rendez-vous avec une femme, je ne me sens plus en faute et lui dis simplement : « J'ai besoin d'avoir des moments pour moi, sans toi. » Ce qui est la vérité.

Par ailleurs, je n'ai pas envie que ma fille endosse le rôle d'aidant. Je veux qu'elle ait sa juste place et, à ce titre, elle aide à la maison. Je lui enseigne, comme ma mère m'a appris, à apporter sa contribution. Elle vit dans le foyer, c'est normal d'accomplir certaines tâches. On n'est ni à l'hôtel ni au restaurant. Par contre, je ne profite pas du fait qu'elle soit valide pour lui faire faire quelque chose que je ne peux pas faire ou dont je sais que, si elle le fait à ma place, ça prendra beaucoup moins de temps. Mais elle grandit et ça m'arrive de lui demander des services. Avant, je déchargeais les courses tout seul, maintenant je lui demande son aide, tout comme on aidait ma mère quand j'étais petit, avec quatre étages à monter. Cette situation a été compliquée à gérer pour moi. Je voulais épargner à Luna le poids du handicap, je dosais difficilement ce que j'étais en droit de lui demander ou pas. Je pense qu'à un moment, je l'ai surprotégée, je ne lui en ai pas demandé assez. Elle proposait, je disais non. Par exemple, je m'étais interdit de l'appeler pour récupérer un objet que j'avais fait tomber par terre. Si elle était là, elle disait : « Je peux te le ramasser. » Je répondais : « Non, non ! » Maintenant, j'accepte. Si elle n'est pas loin, je l'appelle. Lui demander un service, ce n'est pas lui imposer mon handicap. Avant, Luna, intelligente, jouait de ma confusion. Heureusement, comme je le soulignais plus haut, j'ai pu me rappeler ma propre enfance. J'ai reçu une très bonne éducation, j'en suis très fier. Fort de mon expérience d'enfant, j'ai compris que ce n'est pas parce que je demande à Luna un service qu'elle va m'en vouloir ou ne plus m'aimer. Si je ne la mets pas à contribution maintenant, ce n'est pas bon pour elle. Elle pourrait croire à tort que tout tombe du ciel. Ce qui, pour l'avenir, serait un sérieux handicap !

Au début, sur les réseaux, j'ai publié spontanément des vidéos et des photos où apparaît ma fille, avec l'accord de sa maman, qui a toujours eu son mot à dire. Puis, mon compte a commencé à grossir, à recenser de plus en plus d'abonnés. Je me suis rendu compte que Luna était très exposée. Pendant un moment, je ne voulais pas de partenariat et de publicité avec ma fille. Sa maman et moi avons finalement décidé de la préserver en encadrant ses apparitions. Une agence de modèle se charge de cet aspect des choses. Ce que Luna gagne est sur une caisse de dépôt. Nous choisissons scrupuleusement les thèmes de nos apparitions. Récemment, par exemple, il s'agissait du partage des tâches et des valeurs transmises aux enfants, un sujet qui me tient à cœur. On a participé également à un tournage pour McDonald's. Faire de la publicité pour un hamburger, c'est non ! Mais là, on évoquait encore la transmission, avec les histoires du soir qu'on lit aux enfants. J'adhère, donc j'accepte. Plus récemment, nous avons participé au clip d'Aldebert et Calogero. Je me suis dit : « Ce n'est pas mauvais, c'est un souvenir qu'elle conservera pour la vie. » Elle avait des étoiles dans les yeux au moment du tournage, sa maman aussi.

Tant que je vois que ça lui fait plaisir, on fait des vidéos ensemble. À une période, j'ai eu l'impression que ça l'ennuyait. Si elle me disait : « Je n'ai pas envie », je n'insistais pas. Ensuite, elle m'a sollicité à nouveau, plusieurs fois. Parfois, c'est moi qui ai dit non. Une année, on part en vacances. Au camping, beaucoup de gens reconnaissent Luna. Elle minaude : « Vous me reconnaissez ? Je suis la fille de Roro le Costaud. » Elle dit : « On a un compte certifié. » Ça me fait un peu peur. Je la reprends.

– Non, Luna, c'est pas « on », c'est « j'ai ». On t'y voit, mais c'est ton papa qui a un compte certifié ma chérie, pas toi. Et puis, de toute façon, on s'en fout, ça t'apporte rien dans la vie.

Il ne faudrait pas qu'il y ait une distorsion entre elle et l'image qu'elle donne d'elle. Elle va arriver à la période où l'adolescence va lui renvoyer beaucoup de choses, notamment par rapport à la célébrité. Comment va-t-elle vivre cette vie d'adolescente ? Anonyme ? Pas anonyme ? Elle ne comprend pas toujours pourquoi je refuse qu'elle pose avec moi quand on me demande une photo dans la rue. Je lui précise : « La photo que la personne va prendre, je ne sais pas où elle finit, je ne veux pas qu'elle traîne n'importe où. » Tous les enfants sont confrontés à la gestion de l'image sur les réseaux sociaux. Je dois donc expliquer comment des personnes malveillantes peuvent manipuler les images et porter préjudice. Sans tomber dans la psychose, il faut rester vigilant.

Là-dessus, j'ai de la chance, sa maman est sur la même longueur d'onde que moi. Luna est jeune et beaucoup d'enfants de son âge sont déjà très présents sur les réseaux, elle pas. Je fais beaucoup de production de contenu. Je ne passe pas des heures à tout regarder, elle non plus. Elle est trop jeune pour Instagram et elle n'est pas sur TikTok. Dans sa classe, certains de ses camarades y sont, ils nous ont déjà vus. Luna est très peu sur les réseaux et si elle me demande, le seul endroit pour les consulter dans la maison, c'est mon téléphone. Elle a une tablette dans sa chambre avec internet, elle peut aller sur YouTube. Mais elle l'utilise avec mon autorisation. Elle n'a aucun compte nulle part. Elle est en

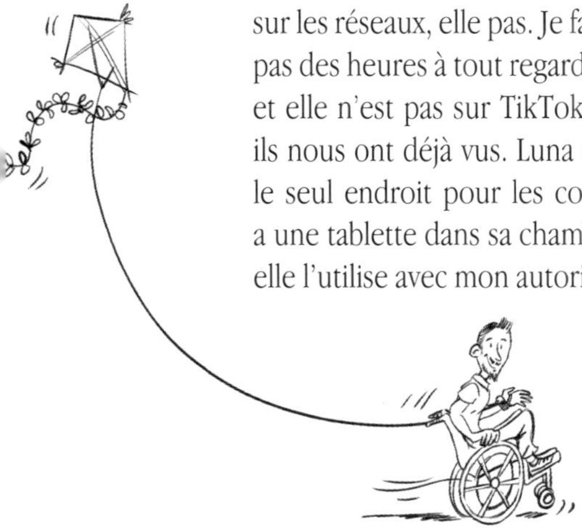

retrait. Elle préfère de toute façon regarder un grand film plutôt que surfer sur les réseaux sociaux.
J'essaye au maximum de poser mon téléphone à la maison. Cependant, mon activité sur les réseaux a désormais une dimension professionnelle et, le soir, je travaille. On nous invite régulièrement à des manifestations. En me voyant brandir mon téléphone pour filmer, elle s'agace : « Ah, encore une vidéo ! » Elle ne réalise pas que ça fait partie du contrat, une invitation contre de la visibilité sur les réseaux. Le rapport au monde des gens exposés, elle le vit à mes côtés. C'est difficile. De mon côté, je découvre aussi et j'essaye d'appréhender tout ça de la meilleure des façons. Surtout, je n'oublie pas qu'avant d'être un instagrameur, je suis un père, et j'essaye de faire au mieux.

Tu étais dans le ventre de ta maman,
Alors que survenait cet accident.
Comme moi tu étais loin d'imaginer
À quel point ta naissance allait tout changer !

Facile de se battre et de se dépasser,
Lorsqu'une mission nous est confiée,
Celle d'être papa et de devoir assumer,
Lorsque tu pointerais le bout de ton nez

Important : la volonté d'y arriver,
Mais une source de motivation permet
De repousser ses limites et d'avancer
Alors je vous souhaite de la trouver !

Si un jour toi aussi tu y es confronté,
Cherche bien, tu vas trouver,
Ce qui t'évitera de baisser les bras,
Qui te permettra de donner le meilleur de toi !

Le regard des autres

Les autres

L'accident et le handicap m'ont fait relativiser beaucoup de choses. Avant, je faisais très attention à moi, à mon image, à ce que je dégageais, ce que je pouvais véhiculer. J'étais soucieux de mon apparence physique. C'était important pour moi de plaire. Je ne pense pas avoir perdu cette envie, ce serait mentir. On a envie de plaire aux autres, c'est humain. Mais j'ai compris deux choses. Premièrement, plaire à tout le monde, c'est plaire à n'importe qui. Alors maintenant, je m'en fous si je ne suis pas apprécié pour ce que je suis. Chacun ses goûts. Deuxièmement, mon envie a évolué. Bien sûr, j'espère plaire à une femme qui partagera ma vie. Mais au quotidien, mon physique, contrairement à avant, ne m'obsède plus. Avant je faisais du sport pour avoir un corps musclé et que ça se remarque. Maintenant, mon intérêt est autre. Me muscler est un besoin au quotidien pour mon autonomie. Évidemment, ça me plairait d'être un peu sculpté, sauf que ce n'est pas le cas et que j'aurai beau faire toute la musculation du monde, ça n'arrivera pas. Aujourd'hui, je pratique le sport pour mon bien-être et pour moi, pas pour les autres. Quand j'ai eu mon accident, ça n'a pas été aussi facile. Je l'ai même très mal vécu. Comme je l'ai dit, j'ai perdu beaucoup de poids à l'hôpital. Je me trouvais affreux : bras tout fins, plus de pectoraux ni d'abdominaux… Horrible. Ça a pris du temps d'accepter celui que j'étais devenu. J'ai eu du mal avec l'image que je projetais. Mais finalement, le regard des gens, je m'en suis détaché de manière très rapide. Tout simplement parce qu'inconsciemment je me suis dit : « Le regard des autres ? C'est le cadet de tes problèmes, mon gars ! Qu'est-ce que tu en as à faire ? Est-ce que tu crois vraiment que tu as besoin de te rajouter cette dose de préoccupation ? Clairement, est-ce que ça va changer ta vie de te soucier de ce que les gens pensent ? Oh, il a un gros bide ou bien, oh, il est en fauteuil roulant. Ben oui, je suis en fauteuil roulant, et alors ? » Je suis vite venu à cette réflexion : « Romain, les gens te regardent. Pourquoi ? Parce que tu es en fauteuil et que des fauteuils, tu n'en vois pas tous les jours dans la rue. Et toi, quand tu vois quelqu'un habillé différemment ou bizarrement, quelqu'un avec les cheveux verts, tu ne le dévisages pas, toi ? Ah, ben si, je le regarde aussi. OK. Les gens te regardent parce que tu sors de l'ordinaire, ils n'ont pas l'habitude de voir des fauteuils. Leur regard est attiré mais ça ne veut pas dire qu'ils te considèrent méchamment ou qu'ils te jugent. La personne en face peut baisser les yeux et faire comme si elle n'avait rien remarqué, être gênée de n'avoir pas pu s'empêcher de jeter un œil. Au début, certains de mes amis, en balade avec moi, sont parfois à deux doigts de péter un plomb :

Quatre remarques que je ne veux plus entendre

Bon courage !

Avec tout le courage qu'on me souhaite chaque jour, j'en ai à revendre.

Ne t'inquiète pas, c'est accessible !

Oui, il y a juste une toute petite marche, et du coup, ben, si j'ai besoin de deux personnes pour aider à soulever mon fauteuil, ça ne s'appelle plus de l'accessibilité...

Mais, c'est pour tout le temps ?

Question affolée d'une personne à qui tu viens d'expliquer que ça fait dix ans que tu es en fauteuil... « Non, non, je me repose encore quelques années et je me remets sur pied » !

Ça te manque pas, de marcher ?

Sans commentaire !

– Mais pourquoi tout le monde nous regarde comme ça ? C'est chiant !
– Arrêtez, moi je n'y fais pas attention.
Cela finit par rentrer dans ma normalité. Les regards insistants, le malaise, les gens qui détournent les yeux.

Et moi

Tu abordes ce regard de façon différente selon que tu as l'habitude ou pas. Il y a une curiosité, même si elle n'est pas malsaine. Luna a parfois du mal. Les gens scrutent le fauteuil qui rentre dans la voiture. Ce n'est pas forcément de la stigmatisation. Il faut accepter, faire preuve de flexibilité et de bienveillance. Ma façon de dédramatiser influe sur l'attitude de l'autre. Fais-lui un gros sourire et tu verras ! Il te le rendra. Vous aurez échangé un sourire et c'est tout. Dans le regard des autres, c'est important d'être un soleil. Si tu es un soleil, tes rayons vont dégager une chaleur que tu vas transmettre à tout le monde. Fais la gueule et les gens auront cette fois une expression de pitié. À ne pas confondre avec la compassion… On a souvent des regards de compassion, notamment quand je suis avec Luna. Ma fille, au départ, ne comprenait pas. Je lui ai expliqué l'aspect inhabituel de notre duo père handicapé/enfant. Les gens sont attendris et en même temps imaginent une situation difficile. Maintenant, elle y fait moins attention.
Je me suis donc vite rendu compte d'une part que je m'en foutais, d'autre part que j'avais beaucoup de conseils à donner à ce sujet. Le regard des autres ne concerne pas seulement le fauteuil. L'acceptation, le lâcher-prise, tout le monde est concerné. On s'en fout, ne vous posez pas trop de questions.
J'ai des retours par messages : « Merci beaucoup pour ce que tu expliques et tes conseils. Grâce à toi, j'arrive à m'aimer dans le miroir le matin. » « Tes petits conseils m'aident à avancer, à m'accepter comme je suis. » Je les cumule. Au-delà

du handicap, j'ai cette maladie de la peau, le vitiligo. Le gène responsable de la production de mélanine est défaillant. Ça provoque une dépigmentation. Je l'avais déjà tout petit mais, depuis mon accident, il s'est beaucoup développé. Il n'y a pas vraiment d'explications sur cette maladie. On ne sait pas d'où elle vient, ni comment elle se soigne. Le mental agit beaucoup sur les taches et les périodes de gros stress augmentent la surface dépigmentée. C'est une maladie évolutive et imprévisible. Enfant, même si je le prenais un peu à la légère, j'essayais de la cacher. Quand on te dit : « le dalmatien » ou « le bicolore », ça n'est pas toujours méchant, mais tu le prends dans la tronche. Ce sont des mots qui marquent à vie, même si je ne suis pas un enfant qui a souffert. Depuis mon accident, le vitiligo est devenu insignifiant. Encore une fois, j'avais d'autres enjeux, des trucs plus graves à gérer. Des réflexions et/ou regards peuvent être destructeurs pour des enfants ou des adultes qui ne l'assument pas. C'est pour ça que j'en parle très souvent et que je le montre. Personne ne choisit d'avoir une maladie. Une fois que l'information est donnée, on dédramatise, ce n'est pas une tare. Heureusement, beaucoup de personnes relaient la nécessité de s'en foutre, et un grand nombre trouvent cela beau. J'en ai été agréablement surpris. Preuve que le regard a changé par rapport à mon enfance. L'ignorance nourrit la bêtise. Quand des personnes se mettent en scène, informent intelligemment, ça leur permet de changer le regard de l'autre. J'ai cette capacité à dire les choses, à les exprimer sans doute de manière pédagogique. Alors je me fais le porte-voix, en toute humilité, de gens timides, dans leur coin, qui n'osent pas chercher les réponses. Je les leur donne. Cette particularité physique me démarque encore plus, même si avec les tatouages cela se voit moins. Précision : au départ, les tatouages n'ont pas été faits pour cacher le vitiligo. J'en avais un avant l'accident. J'ai fait les autres après. On peut aussi évoquer le regard des autres à travers les tatouages. Même si aujourd'hui cela me distingue de moins en moins, parce que le tatouage s'est démocratisé. Les gens ne font plus attention. Mes tatouages ont un côté esthétique mais aussi une symbolique. Sagesse de la tortue, tiki protecteur,

lames évoquant le courage dans la culture maorie, les tresses, les liens d'amitié et familiaux, des totems, le nom de ma fille écrit très discrètement… J'en prévois un nouveau, mais j'hésite car il cacherait mon vitiligo. Ce serait une scène avec plein d'éléments représentatifs de mon histoire.
Pour conclure ce premier volet sur le regard, celui que tu portes sur toi-même va déterminer celui que les autres vont porter sur toi. Ce regard, j'ai décidé très rapidement d'en faire une force, et de renvoyer cette image : « Ce n'est pas parce que tu es plus bas que tu es inférieur. Tu peux être assis en fauteuil et debout dans ta tête. »

La célébrité

Le deuxième volet du regard des autres concerne la petite notoriété acquise sur les réseaux, c'est important d'en parler. Avant, quand on me regardait dans la rue, c'est parce que j'étais en fauteuil. Aujourd'hui, c'est aussi parce qu'on m'a reconnu. Ça fait partie de mon quotidien. J'ai changé ma façon d'être quand je me balade. Pas dans le sens : « Je me donne une image. » Non. Les gens, une fois qu'ils m'ont croisé en chair et en os, me disent souvent : « Tu es le même en vrai que derrière ton téléphone. » Ça me fait plaisir. Ce sont les plus beaux messages que je puisse recevoir. Car je ne joue pas un rôle sur Instagram. Tout ce que je dis, je le pense. Ce que je fais, je le fais avec le cœur. Mais depuis que les gens me reconnaissent, j'ai changé un peu ma façon d'être. Avant, je regardais partout, j'aimais bien observer, je cherchais le contact visuel. Je le fais moins. Je saisis dans son regard quand quelqu'un m'a reconnu. J'essaye de fuir un peu ça. Quand je me balade, je suis dans un moment privé, pas en représentation. Je n'ai pas envie forcément de m'arrêter toutes les deux minutes. Ce n'est pas évident de discuter avec quelqu'un qui te connaît et que tu ne connais pas. Si on vient à moi pour demander une photo, je la fais avec grand plaisir, mais j'évite de tendre le bâton pour me faire battre. En centre-ville, si tu poses pour une photo à la table d'un café, tout le monde va le voir. « Tiens, c'est qui ? C'est qui ? » Tu dois expliquer qui tu es, ils veulent une photo aussi. C'est un peu la maladie du siècle de se prendre en photo à tout bout de champ. C'est le revers de la médaille. Alors, ce n'est pas désagréable, toute cette facette du regard des autres, depuis que je suis un peu connu. Mais je pense qu'il faut avoir les épaules larges. Si on n'est pas prêt ou faible, on peut se faire bouffer à une vitesse folle. Il suffit de quelques gamins qui réclament une photo, d'autres surgissent, insistent, ils sont nombreux, ça n'en finit jamais. Si tu t'en vas, tu vas passer pour un con, un gros con même, qui se la pète et se fout des gens. J'ai beau ne pas m'en soucier, ce n'est pas ce que je suis. Le regard que les gens portent sur moi maintenant, je le conçois, même si je ne le comprends pas.

Quand on demande à des enfants ou des jeunes ce qu'ils veulent faire plus tard, beaucoup répondent simplement : « Je veux être connu. » Être connu, ce n'est pas un métier. On n'en tire pas l'essence d'une vie, aucune satisfaction durable. Il ne faut pas oublier l'aspect éphémère de tout cela. Quand ça s'arrête, tu fais quoi ? Si Instagram s'arrête demain, ce sera un vide, j'avoue. Mais je ne serai pas au fond du trou. Je trouverai à utiliser mon temps pour faire ce que j'aime. C'est ça l'important, ce qu'il faut faire comprendre aux jeunes.

– Comment je fais pour être connu, pour que beaucoup de monde me suive ?

À ces questions récurrentes, je réponds inlassablement :

– Fais ce que tu aimes, ne regarde pas ce que font les autres. Mets-y toute ta conviction, filme ce qui te tient à cœur. Au pire, beaucoup de gens vont te rejoindre parce que vous avez les mêmes centres d'intérêt. Ça fait grossir ta communauté ? Tant mieux. Mais ne raisonne pas dans ces termes : « Je veux être connu. » Quel est l'intérêt ? Franchement ?

Ils vont répondre : « Faire comme les anges à Marseille » ou je ne sais quoi… Et tout ça pour quoi ? Aller habiter à Dubaï et vendre de la merde aux gens parce que là-bas, les influenceurs gagnent très bien leur vie ? C'est ça, leur rêve ?

On n'est pas préparé à la notoriété. Du jour au lendemain, on se retrouve confronté à un autre regard quand on va dehors. Ce n'est pas facile à gérer. Heureusement que ça m'arrive maintenant. Je suis plus vieux, ça m'aide, notamment avec les critiques, la méchanceté gratuite. Exemple. Ma dentition est pourrie, je n'ai jamais supporté les appareils, c'est le chantier dans ma bouche. Un gamin se moque de mes dents. Ça ne me touche pas. Je décide pourtant de ne pas laisser passer et je tourne une petite vidéo pour lui répondre. « Écoute, tu es mignon, j'ai trente-cinq ans, je n'en ai rien à foutre. Par contre, demain, fais attention à qui tu t'adresses parce que… Est-ce que tu pourras vivre avec la mort de quelqu'un sur la conscience ? Tu ne sais pas ce qu'il a vécu, pourquoi il est comme ça. Comment tu fais s'il se fout en l'air ? » Il n'est pas le seul à avoir ce genre d'agissements. La plupart ne savent pas quoi répondre. Ils sont comme des cons. Aucune capacité à réfléchir aux conséquences de leurs actes. Où est passée cette bonne vieille notion du : « On ne fait pas à quelqu'un d'autre ce qu'on ne veut pas qu'on nous fasse » ? Mon caractère et ma condition me permettent d'avoir du recul. Beaucoup ne l'ont pas et ne gardent pas leur calme en recevant de tels messages… J'ai reçu l'éducation et eu un parcours qui me permettent de ne pas perdre de vue l'essentiel. C'est valable pour tout et en toutes circonstances.

7 droits et avantages que toutes les personnes en situation de handicap devraient connaître

1. La carte de stationnement pour personnes en situation de handicap offre la gratuité dans la grande majorité des villes, sur les places handicapées ou non, hors parking privés.

2. Posséder une carte CMI (Carte mobilité inclusion) permet d'obtenir :

- La gratuité ou des réductions pour la plupart des entrées payantes.
- La priorité dans toutes les files d'attente sans exception.
- Une demi-part supplémentaire dans la déclaration de revenus.
- La Reconnaissance de la qualité de travailleur handicapé (RQTH) sans effectuer les démarches.

3. Les chiens guides ou handi-chiens ont le droit d'accès dans tous les lieux publics, privés, transports en commun ! Il est illégal de le leur refuser. Le seul endroit qui leur est interdit est la salle d'opération à l'hôpital !

4. En fonction des ressources, l'Agence nationale de l'habitat (Anah) prend en charge une partie des travaux pour l'adaptation du logement et de ses accès. Toujours dans l'optique de l'amélioration de l'habitat, la CAF peut accorder un prêt afin de réaliser les travaux d'accessibilité.

5. Un crédit d'impôt est accordé au propriétaire ou locataire d'un logement pour les frais d'installation et de remplacement des équipements spécialement conçus pour les personnes en situation de handicap, que le logement soit neuf ou ancien. Crédit égal à 25 % dans la limite de 5 000 € pour un célibataire (10 000 € pour un couple).

6. Certaines banques proposent un « Compte épargne handicap ». Celui-ci prend la forme d'une assurance-vie, avec des versements libres annuellement, ouvrant droit à une réduction d'impôt.

7. Il est possible, sous conditions de ressources, d'être exonéré de la taxe d'habitation.

18
112
RGK

La vie professionnelle

Été 2015. Après m'être expliqué avec le directeur départemental de la Haute-Savoie et le président du conseil d'administration, très compréhensifs, j'adresse une demande de mutation qui est transmise en Touraine. La première semaine de septembre, au moment de la rentrée de Luna, je rencontre le directeur départemental d'Indre-et-Loire pour un entretien. Ma tension est palpable. Je joue le reste de ma vie. Je veux continuer à travailler chez les pompiers, mais je sais que si ma candidature n'est pas retenue, je serai obligé de quitter cette grande famille pour pouvoir revenir auprès de ma fille. L'homme, chaleureux, me demande :
– Quel poste vous intéresserait ?
– Ça m'est égal. Mettez-moi où vous voulez, peu importe.
– Attendez, vous avez bien une petite idée de ce que vous avez envie de faire ? Vous allez habiter où ?
– Je ne sais pas encore.
– Où votre fille va-t-elle à l'école ?
– À Cormery.
– D'accord. On a trois possibilités : soit la direction, soit le centre de formation, soit le centre d'appel.
Au moment où il dit « centre d'appel », je me souviens qu'on me l'a proposé en Haute-Savoie. Mais c'était trop loin de chez moi, à une heure de route, et j'ai dû y renoncer malgré mon envie.
– Le centre d'appel, ça pourrait m'intéresser.
– En tant qu'opérateur ?
– Je ne sais pas, je n'ai pas la formation, je…
– Qu'est-ce que vous faites actuellement ?
– Du dessin informatique au service prévision.
– Oui, le service prévision, on peut aussi.
Il marque une pause et reprend :
– Romain, on va se parler franchement. Ça, on a tout le temps d'y réfléchir. Détendez-vous : bien sûr qu'on va vous recruter.

Et là, le soulagement ! Je suis en entretien avec le grand patron, mais j'ai les larmes qui coulent.
– Il ne faut pas pleurer.
– Vous ne vous rendez pas compte de l'épine que vous me retirez du pied. Vous m'annoncez officiellement que je vais retrouver ma fille rapidement.
Sans travail, revenir est compliqué, je ne suis pas Rothschild. Sans salaire, je suis coincé. Je n'ai jamais vécu des aides, je ne me vois pas en vivre. Il y a un poids en moins sur mon cœur. Il poursuit :
– Rassurez-vous, on va réfléchir chacun de son côté, mais je vous embauche. Vous voulez venir quand ?
Je suis pris au dépourvu.
– Je n'ai pas encore cherché de logement, je n'ai pas donné de préavis.
– Le préavis, ce n'est pas un souci. On va s'arranger avec le colonel en Haute-Savoie.
Finalement, après discussion, on table sur un retour en fin d'année. Je ne pensais pas que ça se ferait si vite.
Lorsque je reviens à Tours, je retrouve un environnement familier. Je ne suis pas un inconnu, puisque c'est là que j'ai commencé ma vie professionnelle. Je suis pourtant un étranger dans ma peau de personne handicapée. Les gens m'ont connu en tant que pompier, sur mes deux jambes, en intervention. Ils ne savent rien du nouveau Romain en fauteuil. Je n'ai aucune appréhension. Je m'acclimate assez facilement, je suis sociable. L'inquiétude n'est pas de mon côté. On m'a finalement proposé un poste au centre d'appel, à l'hôpital Trousseau, à Chambray-lès-Tours. Géographiquement, l'endroit me convient. Quant au travail, il me rapproche de ma fonction de pompier. J'avais dû y renoncer en Haute-Savoie. Je saisis cette fois ma chance d'agir dans le domaine qui me rapproche de la dimension opérationnelle de mon métier. Recruté en tant que personnel administratif et technique, je sais dès le départ qu'il n'est pour le moment pas question de répondre aux appels. Je ne suis pas pris de court.

Dans un coin de ma tête, une petite voix souffle pourtant : « Rien n'est impossible. » L'essentiel était de revenir près de ma fille. Avant de commencer, je visite le secteur pour vérifier l'accessibilité. Le bâtiment, récent, a été construit en 2007. À l'entrée, une toute petite marche n'a attiré l'attention de personne avant moi. Il m'est difficile également d'ouvrir la lourde porte d'accès avec le badge dédié. Mais une fois dans la place, je suis rassuré. On me montre un bureau au rez-de-chaussée. Un ascenseur permet de monter jusqu'à la salle opérationnelle. Une plaque métallique est très vite posée à l'entrée pour constituer une rampe.
– C'est provisoire, on va refaire l'enrobé.
– Ne vous cassez pas la tête. La plaque est fixée, pas la peine de dépenser de l'argent inutilement. C'est plus propre et pratique que dans certains endroits qui sont dits accessibles.
Six ans après, elle est toujours en place et n'a pas bougé. L'immense porte vitrée a été automatisée et on m'a fourni une télécommande. Mon poste de travail est équipé de l'ordinateur dont je disposais en Haute-Savoie. Cela rassure à peine mon responsable. C'est un homme qui doute beaucoup. Le 2 janvier 2016, quand je prends mon poste, on me présente à mes collègues, nouvelles têtes et visages familiers. Mon supérieur m'explique ensuite les missions qui me sont attribuées. Il me confie une liste de choses à faire. Je me mets au travail. Au bout d'une heure, j'ai terminé. Je retourne le voir :
– Ça y est, j'ai fini.
Il semble très étonné.
– Mais, vous avez fini… Vous avez TOUT fini ?
– Bien sûr. Vous savez mon commandant, je suis handicapé des jambes et des mains, mais la tête va très bien.
Je ne lui en veux pas, mais sa réaction est le reflet de ce qui se passe dans la société. Une société qui pense qu'être handicapé c'est être incapable. Or, je l'ai déjà dit, être handicapé, c'est être capable autrement. Je travaille depuis des mois en dessin avec des logiciels exigeants. Là, on me demande de manipuler Word et

Excel, tout ça est très simple pour moi. Je mets calmement les choses au point. Il reconnaît s'être trompé. Les premiers préjugés sautent. Une personne en situation de handicap qui entre dans une entreprise sait qu'elle est jugée avant même de commencer. Elle va avoir à cœur de travailler comme tout le monde et de se surpasser. J'ai toujours eu envie de montrer mon efficacité. Mais à ce moment, je suis encore plus motivé. Je veux prouver qu'on a eu raison de me recruter. Ma charge de travail est réajustée. Néanmoins, j'ai plus de tâches administratives que techniques et le secrétariat, ce n'est pas ma tasse de thé. Cela ne me passionne pas spécialement. Le reste du temps, je travaille un peu à la programmation sur le logiciel d'alerte et sur la cartographie. Sur ce logiciel de cartographie, j'entre des nouvelles données, adresses, établissements, modification des rues qui mettent à jour automatiquement le logiciel d'alerte. Par exemple, lorsque quelqu'un appelle et indique : « Je suis rue nationale sur la commune de Montbazon », l'opérateur tape les trois premières lettres, la rue est géolocalisée et les pompiers trouvent facilement le lieu de l'intervention. Le temps de prendre mes marques, je m'investis dans le volet technique et je mets des choses en place pour faire remonter les anomalies. Cette partie de mon travail prend le dessus sur le reste. Je passe de plus en plus de temps avec les opérateurs, m'intéresse à la prise d'appel. Un jour, mon responsable me suggère de suivre de façon informelle la formation des opérateurs pour comprendre comment fonctionne leur logiciel. Je suis emballé. À la fin des quinze jours de théorie, mes coéquipiers font ensuite ce qu'on appelle des « doublures ». Dix gardes de huit heures au cours desquelles, après une période d'écoute, les stagiaires prennent les appels sous la supervision d'un opérateur confirmé. Au terme de cette épreuve, leur formation est validée. Cette immersion partielle a renforcé mon désir de revenir dans l'action, le cœur de mon métier. Je soumets mon envie à mon chef. Sa première réaction est de me dire :

– Ce n'est pas possible, vous n'allez pas être assez rapide.

– Laissez-moi essayer, si je ne fais pas l'affaire, je n'irai pas.

Les préjugés, qui avaient volé en éclats sur la partie administrative, sont finalement toujours bien ancrés. Au centre d'appel, il faut travailler rapidement, être capable de gérer l'urgence. Or, j'ai vécu ça sur le terrain. Toutes mes aptitudes ne se sont pas effacées avec la tétraplégie. Dans ce nouveau contexte, je suis certain de pouvoir utiliser les compétences acquises lors de ma pratique passée. Mon chef, beaucoup plus inquiet que moi, me propose un test.
– Je vais vous mettre en doublure avec un autre opérateur pour voir si c'est techniquement faisable.
Plus tard, une fois que je serai venu à bout de ses réticentes, il m'avouera avoir mis en place ces doublures dans le seul but que je sois confronté à un échec et que je renonce. Sa démarche n'est pas de m'accompagner pour me montrer que je peux y arriver, mais de me confronter à la réalité pour me prouver que je ne suis pas capable d'assumer l'urgence. Il y a quelques prises de bec avec d'autres personnes du service qui s'étonnent du traitement qui m'est réservé. Je me plie à l'exercice. Je tombe sur deux collègues qui, voyant mon aisance, me laissent rapidement aux commandes. Je connais le logiciel. Tout se passe bien. Au bout de deux demi-journées, mon chef s'adresse à mes tuteurs avec un petit sourire :
– Alors, il fait l'affaire ?
– Bien sûr qu'il fait l'affaire ! C'est bon, c'est fini, il faut le mettre au boulot maintenant, il n'a pas besoin de faire plus de doublures.
Même si dans l'instant je ne le réalise pas, son attitude, et il en prend la mesure assez vite, a été discriminatoire. Imposer à une personne en situation de handicap une approche à laquelle les autres ne sont pas soumis relève de la discrimination. Je reprends cette fois la formation complète. Cependant, attention, devenir opérateur, c'est comme obtenir le permis de conduire. On a appris la théorie, on a fait des heures de pratique, ce n'est pas parce qu'on a le permis qu'on sait conduire. Un appel, c'est pareil. Ce n'est pas parce qu'on a validé la formation que l'on sait réagir à toutes les situations. C'est un métier où l'expérience vient avec les années et les appels. En somme, c'est un peu

comme dans toute profession : on apprend sur le tas. Mon chef, encore une fois, fait son *mea culpa*.

– Je ne pensais pas que c'était faisable, je me suis mis le doigt dans l'œil.

Même si je n'avais aucun doute, je vis cela comme une victoire personnelle, mais aussi comme une victoire pour le handicap : montrer à une personne réfractaire que je sais où sont mes limites et ce qui peut entrer dans mon champ de compétences.

Le rythme de travail d'un opérateur à plein temps n'est pas compatible avec ma vie de papa solo. Au-delà du discours sur le handicap, je m'adresse là à la population importante des parents isolés. Dans leur volonté de ne pas sacrifier leurs enfants, ils sont souvent amenés à des choix professionnels pas nécessairement en corrélation avec leurs compétences. On établit pour moi un emploi du temps mixte. J'alterne donc aujourd'hui entre mes horaires de bureau, les gardes de douze heures et celles du soir, de 19 h 30 à 23 h 30. J'effectue un minimum obligatoire en tant qu'opérateur. Je dois en effet pratiquer suffisamment pour ne pas perdre mes réflexes. C'est un poste où on n'a pas le droit à l'erreur. On a autant de responsabilités que celui qui est en intervention ; on fait partie de la chaîne des secours et sans ce premier maillon, ça ne fonctionne pas. Or, l'opérateur est un peu l'oublié du système. Il y a le témoin sur les lieux, puis ensuite les pompiers. L'opérateur est dans l'ombre, on ne le voit jamais. Par ces quelques lignes, j'ai envie de le mettre à l'honneur. Mes collègues souffrent trop souvent d'un manque de reconnaissance. L'opérateur, par l'intermédiaire du témoin, va faire faire les premiers gestes, guider l'autre pour effectuer un massage cardiaque… Dans le même temps qu'il donne des consignes essentielles à une personne souvent paniquée et sans connaissance médicale, il prend une adresse, déclenche le départ des pompiers et accomplit des manipulations protocolaires internes dont la plupart des gens n'ont pas idée. Son rôle est sous-évalué par le grand public (et même parfois par notre hiérarchie indirecte). Dans le laps de temps le plus court qui soit, il doit exploiter un appel souvent peu informatif,

récolter le maximum de données, utiliser un interlocuteur qui remplace ses yeux et ses mains. Il lui faut appréhender un niveau de gravité. Mais au bout du fil, il y a des gens paniqués, d'autres très calmes. L'opérateur doit identifier l'urgence au-delà de l'attitude de celui qui passe l'appel. Certaines descriptions, énoncées sereinement, sont caractéristiques de faits graves. À l'inverse, des gens affolés téléphonent pour des choses qui ne relèvent pas du travail des pompiers. À cela s'ajoutent beaucoup d'appels polluants, des fausses alertes. Ce n'est pas toujours facile, quand tu as enchaîné dix appels de merde, il faut le dire, de réagir immédiatement : « Cette fois, c'est quelque chose de grave, il faut que je m'emploie à 200 % pour envoyer les moyens adéquats et sauver cette personne qui en a besoin. »

Pour généraliser au sujet du handicap et du travail, je soulignerais plusieurs choses.

La première, c'est que le monde du travail n'est pas prêt à accueillir une personne en situation de handicap en raison des aménagements que cela implique parfois. Beaucoup pensent qu'adapter l'environnement est coûteux. Or, la plupart des aménagements ainsi que l'accompagnement (par des ergonomes entre autres) sont pris en charge. Il faut rassurer les employeurs sur les aides humaines, techniques et financières qu'ils peuvent recevoir en recrutant une personne handicapée.

Un deuxième frein est le préjugé sur la capacité. Je peux comprendre cette peur même si elle ne me semble pas légitime. Les gens, dans leur CV, ne mentionnent pas toujours leur handicap. On les appelle plus souvent quand ce dernier n'apparaît pas. Et quand ils arrivent à l'entretien d'embauche, la réaction du recruteur est sans équivoque. Ce dernier envisage tout de suite le pire : c'est une personne qui va avoir besoin de beaucoup d'aide, être en retard le matin, voire absente. Être handicapé, dans sa tête, c'est être malade, donc limité et moins efficace. Connaît-on jamais les facultés de l'autre ? Plutôt que de réagir d'emblée de façon négative ou de le mettre à l'épreuve, pourquoi ne pas parler ? Une simple discussion peut lever les malentendus. Je voudrais qu'on puisse recruter les personnes en situation de handicap parce qu'on a su reconnaître chez elles la capacité à faire le travail. Pas parce qu'il y a un quota ou pour éviter l'amende en cas de non-respect. Pourquoi autant de préjugés ? Parce qu'il n'y a pas assez de handicapés dans le monde du travail. Quand ça deviendra une norme, la question ne se posera plus. La vision pourra changer. Pour le moment, le peu de représentativité fait qu'on se trouve encore trop fréquemment face à des gens qui sont étonnés de nous voir travailler.

Il me semble important aussi d'évoquer ici l'intérêt, pour le personnel d'une entreprise, à travailler avec des personnes en situation de handicap. Il ne faut pas y voir de narcissisme ou un manque d'humilité. Je vais parler pour mes collègues en tentant d'être fidèle à ce que je les entends dire dans les reportages. D'abord, ils ne lésinent pas sur l'humour grinçant : « C'est casse-couilles d'avoir un handicapé au boulot, c'est chiant, il faut faire attention partout avec ces histoires d'accessibilité, il nous emmerde parce qu'il croit qu'il peut tout faire et tout dire. » Handicap et humour ne sont pas incompatibles. J'aime rigoler et partager avec les gens qui m'entourent au travail. Au départ, ils avaient peur de dire un mot de travers, maintenant ils n'hésitent pas à charger la mule mais, je préfère ça. Je préfère ça à quelqu'un qui va faire, tout ennuyé : « Oh pardon ! J'ai dit "ça roule", excuse-moi ! Oh la la, je suis désolé. » Arrête, je suis le premier à en rire. Je sais que ce n'est pas méchant, ça dédramatise. Bref. Une fois la touche d'humour lâchée, que disent mes collègues ? Que ça fait du bien de côtoyer une personne en situation de handicap sur le lieu de travail. Quand tu arrives le matin avec tes soucis et que tu retrouves un proche dont tu connais les contraintes au quotidien, tu relativises, même si, attention, ça n'efface pas les problèmes et ça n'empêche pas d'avoir le droit d'en parler.

Quelle question se pose un recruteur lors des entretiens d'embauche ? Qu'est-ce que cette personne va apporter à mon entreprise ? Il ne faut pas oublier que si l'entreprise apporte beaucoup, l'employé va le rendre. Une personne qui évolue dans un cadre de travail agréable, handicap ou pas, va être beaucoup plus efficace et aura beaucoup plus envie. J'espère qu'on commence à s'en rendre compte en France. Certains pays l'ont compris et leurs entreprises proposent des lieux de convivialité, des salles de sport, des gardes d'enfant, des services. Être bien au travail, c'est avoir envie de travailler bien.

Je vois souvent des personnes en situation de handicap qui, du jour au lendemain, n'ont plus de travail, leur métier n'est pas adaptable. Moi j'étais dans la fonction publique territoriale, on m'a dit : « Ne vous inquiétez pas, on transfère le poste, vous pouvez continuer à travailler. » Dans le privé, d'autres ont aussi cette chance. Je connais un charpentier qui est devenu paraplégique. Évidemment, il ne peut plus exercer son métier. Mais sa boîte l'a embauché en tant qu'agent technique. Maintenant il fait des plans sur ordinateur. Ce n'est pas toujours le cas. Je pense à une jeune femme, Nathalie. Elle travaillait dans une parfumerie. Suite à un accident de voiture, elle s'est retrouvée dans un fauteuil électrique. Peut-être n'est-elle plus capable d'attraper un flacon, mais sa tête fonctionne bien. Elle peut encore conseiller... Seulement, dans ce commerce, il faut être beau, bien habillé, les critères ne sont pas remplis. Durant toute la période où je l'ai connue, elle n'a pas retrouvé de travail. La seule chose qu'elle aimait et savait faire, c'est la parfumerie. Peut-être y a-t-il encore trop de professions où le paraître est capital. Et malheureusement, paraître et fauteuil roulant ne font pas toujours bon ménage.

C'était le rêve que je m'étais fixé,
Celui de devenir sapeur-pompier.
Je ne voyais pas autrement mon quotidien
Que de sauver des vies sur le terrain.
Être assis derrière un ordinateur ?
Ça aurait été un crève-cœur…
Mais la vie parfois te réserve des surprises
Tes certitudes alors ne sont plus de mise.

Là où je pensais mourir d'ennui,
Je suis heureux, je travaille et m'épanouis.
Tu vois, quand tout est remis en question,
On change parfois nos convictions.
Le futur que l'on s'était imaginé
N'est pas toujours celui qui finit par s'imposer.
On a tous la faculté de s'adapter.
Pas facile, mais tout commence par la volonté.

Quand tout s'écroule dans ta vie,
Rien n'est perdu, je te le dis !
« Moi un jour en fauteuil ? Plutôt mourir ! »
Quand j'y repense, j'éclate de rire…
Quelle belle connerie j'aurais faite,
Même handicapé, ma vie est une fête !
Alors si un jour tu penses que tout est fini,
N'oublie pas que ton futur, c'est toi qui le construis !

Les réseaux sociaux

Les débuts

On l'a vu, une fois installé à Tours, je prends mes marques dans le sport et j'envisage la compétition de haut niveau. Mais le fauteuil coûte cher, je ne peux pas le financer. Dédier mon compte Instagram au sport et y exposer mes entraînements, mes performances, me semble un moyen judicieux pour trouver des sponsors. Je crée aussi une page Facebook intitulée « Le rêve de Romain ». Mon objectif? Je l'ai évoqué plusieurs fois: participer aux Jeux paralympiques. J'avais renoncé à une carrière de sportif à la fin de mon adolescence, le temps était peut-être venu de vivre mon rêve autrement. Quand une collègue me suggère de mettre en place une cagnotte participative, je rechigne. Ça me gêne de solliciter à nouveau les gens. J'ai déjà eu une grande chance avec l'association créée par les sapeurs-pompiers grâce à laquelle beaucoup d'argent a été récolté. Mais ma collègue ne me laisse pas le choix et prend l'initiative. Très vite, la cagnotte s'affole, les journaux locaux en parlent. Les médias nationaux commencent à s'intéresser à moi, beaucoup de gens me rejoignent. C'est une espèce de rapport de cause à effet; l'un nourrit l'autre et vice versa. Je vais facilement vers l'autre, j'interagis immédiatement avec les abonnés.

Au début, j'utilise beaucoup Facebook pour communiquer alors que j'alimente Instagram de façon assez minimaliste. Mais les habitudes changent et ce deuxième réseau prend de l'ampleur tandis que le premier décline, même si, récemment, la publication d'une vidéo sur Facebook a créé un regain de visibilité. De toute façon, je prends soin de la même façon de mes abonnés, quel que soit le réseau. Si les gens posent beaucoup de questions sur le sport, ils sont curieux de connaître l'envers du décor. Je me familiarise avec l'outil, j'apprends à faire des stories. J'utilise beaucoup l'humour. Je réalise que les gens ne connaissent pas le handicap, mais après tout, qu'est-ce que j'en savais, moi, du handicap, avant mon accident? Ne serait-ce pas une bonne idée d'en parler? À maintes reprises, je me suis interrogé sur l'importance de partager mes progrès et mes découvertes pour faciliter le quotidien. Un virage s'opère. Mon compte ne pourrait-il pas servir à « populariser » le handicap ? À sensibiliser à ma manière, avec mes mots, ma façon de faire ? L'humour me semble idéal pour faire sauter les tabous. Il n'y a pas de honte à avoir. Ne pas rire du handicap, c'est le stigmatiser ! Rire de soi-même est une forme d'acceptation. Les gens ne sont pas offusqués, ils adhèrent. Oui, on peut vivre malgré le handicap. J'ai envie que mon expérience et ma rage de vaincre servent à ceux qui sont dans cette situation, mais aussi à leur entourage. Besoin d'exprimer ce que le handicap m'apporte. Je suis conforté dans mon projet quand je m'aperçois que cela fait du bien aux autres. Que les conseils ou les vidéos que je mets en ligne sont utiles aussi à tout un chacun. En effet, tout le monde peut se trouver confronté à des complexes vis-à-vis de son corps, à des situations difficiles professionnellement, à des doutes… Alors je décide de continuer à fond.

Les contenus

Je n'ai aucune stratégie. Simplement rester naturel. Je découvre que TikTok propose un outil pratique pour le montage. Au départ, je m'en sers pour fabriquer des vidéos que je bascule ensuite sur Instagram. Puis, les publiant sur TikTok, je constate que j'ai de plus en plus de vues. Un peu à la manière de la naissance d'Instagram, ma communauté enfle sur ce réseau. Le confinement fait exploser les compteurs, comme pour beaucoup de créateurs de contenu. La croissance du nombre d'abonnés donne envie de se surpasser. Ça a été très long d'arriver à cent mille abonnés, très rapide de passer de cent mille à un million. Sur TikTok, je fais des sketches humoristiques en récupérant les sons « tendance » et je les arrange à la sauce handicap. Je crée aussi des vidéos éducatives. Je réponds aux questions : « Comment tu fais pour manger ? Pour prendre le train ? Quand il y

a un escalier ? Est-ce que tu as une voiture ? Qu'est-ce que tu fais comme travail ? » J'essaye d'apporter un grain de folie, un peu de fantaisie. C'est une plate-forme de divertissement. Si on ne rentre pas dans ces critères, les gens décrochent. L'algorithme de TikTok est un peu particulier et propose des vidéos de façon aléatoire sur la page « Pour toi ». Il y a des périodes de creux de la vague. Parfois, c'est frustrant. Tu as essayé de proposer un contenu de qualité, intelligible, humoristique, et il n'est pas diffusé. Les statistiques sont bonnes, mais les vues restent confidentielles. Par ailleurs, je me frotte au côté sombre des réseaux. Certains n'apprécient pas ce que je fais – c'est leur droit. Mais, par jalousie, bêtise ou désœuvrement, ils cherchent alors à nuire. Des gens brûlent des voitures sans raison, pour embêter la terre entière, se défouler ou se donner le sentiment d'exister. De même, certains ont une triste vie et, plutôt que de se prendre en main pour évoluer, ils préfèrent critiquer et essayer de faire du mal. Alors ils trouvent un moyen de communiquer ensemble, désignent un bouc émissaire et signalent en masse une vidéo qui véhiculerait de la nudité ou du harcèlement. L'algorithme est programmé pour bloquer la publication. Cela entraîne un bannissement pendant lequel tu ne peux plus ni poster ni commenter. Le temps que la vidéo soit réellement examinée, il peut s'écouler un long moment. Après analyse, on me dit : « La vidéo respecte les chartes en place, on est désolés. » Elle est à nouveau consultable, mais pour moi, le bannissement, exponentiel, continue. Au premier signalement, c'est trois jours, puis sept, puis quinze… Instagram et Facebook ont leur violence aussi. Sur Instagram, la nudité (qu'on expose de façon détournée) ou le malheur sont des tendances qui génèrent beaucoup de lectures. Si ça ne plaît pas aux utilisateurs, ils n'interagissent pas avec la publication. La plate-forme s'en rend compte et la propose à moins de monde. Inversement, quand quelque chose marche fort, la publication est poussée en avant. C'est un cercle vicieux.

Ce n'est pas toujours facile d'avoir du recul. On a forcément envie de voir grimper les nombres de vues. On se prend au jeu des *like*. En fait, ils restent proportionnels au nombre d'abonnés. Avoir dix pour cent de « j'aime » par rapport au nombre d'abonnés est un bon ratio. Je me mets moins de pression qu'à un moment. Avec l'expérience, je suis moins affecté par ce qui fait moins de vues. Ce n'est pas la fin du monde.

De Romain à Roro

Sur Instagram, je publie désormais une fois par jour, notamment depuis l'instauration d'un format de vidéo court. En ce qui concerne les stories, on retrouve un schéma récurrent, du fait de mon rythme quotidien, répétitif. Dès le début, j'ai pris l'habitude de dire : « Salut les loulous, c'est Roro le Costaud, j'espère que vous allez bien. » Une ou deux fois, j'ai escamoté cette phrase et les gens ont réclamé : « Et alors, notre bonjour ? » *A contrario*, quand je relate des faits qui sortent de l'ordinaire, ça suscite instantanément plus de réactions. Les gens ont à la fois besoin de nouveauté et de stabilité. Quand on leur enlève leurs repères, ça ne va pas. Je pense au personnage de Gigi que j'ai laissé tomber depuis quelque temps. On me demande tous les jours où est passée Gigi ! Dans mes stories, j'évoque le handicap, mais j'essaye d'aborder beaucoup d'autres sujets. Tout est spontané, il n'y a aucun calcul, je ne sais jamais à l'avance ce que je vais publier, je ne prépare rien. Si j'anticipe sur le contenu et que je suis dans un autre état d'esprit au moment de publier, ça ne sonnera pas juste. De même, je refais très rarement une story. Si je me rate, si je bafouille, ce n'est pas grave. Je ne suis pas parfait et j'ai envie que les gens comprennent que ce n'est pas parce que tu as cent soixante mille abonnés que tu es irréprochable. Je suis comme ça, je fais des erreurs. Les photos lisses et les contenus aseptisés, ce n'est pas mon truc. Je me montre sans filtre. J'aime quand les gens disent : « Vous voyez Romain dans le téléphone comme il est dans la vraie vie. » C'est le plus important pour moi. Je n'ai pas envie d'être quelqu'un d'autre. Certes, je me suis créé un personnage avec un nom de « scène », mais ça reste moi. Tout ce que je dis et fais, c'est ce que je fais et pense dans la réalité. Il n'y a pas de différence entre Romain et Roro. Au tout début de l'aventure des réseaux, la responsable d'un restaurant de bagels en Belgique me contacte. Elle veut insérer dans son menu une recette sportive. Elle me demande quels aliments consistants et diététiques je mettrais dans un sandwich pour respecter les besoins nutritionnels d'un sportif. Cette recette, soumise au vote des internautes, est choisie pour intégrer la carte. Il faut donc lui trouver un nom. Dans le même temps, je cherche un pseudo pour mon compte Instagram. La dame du restaurant suggère : « Tu t'appelles Romain, ton surnom ça doit être Roro. » En parallèle, je mène une réflexion : « Romain, tu fais du sport, de la musculation. Malgré tout, tu n'es pas massif, tu n'es pas costaud. Mais être costaud, est-ce que c'est simplement avoir des gros bras, être super musclé ? » Ma réponse est dans les messages et les commentaires reçus au quotidien. Être costaud, c'est l'être dans sa tête et ses décisions, dans son rôle de père, de mari, d'ami… Je vais faire un pied de nez au mot costaud… Voilà la naissance de Roro le Costaud.

Les échanges

Mes stories sont ouvertes. Tout le monde peut réagir, déposer un message. Avant, j'essayais d'écrire un petit mot à chacun. Il ne faut pas oublier que si on est invité à droite à gauche, qu'on a des partenariats, c'est grâce à nos abonnés. Il me paraissait donc important d'apporter une réponse, surtout quand il s'agit d'une situation de handicap. Le compte a grossi, le nombre de messages aussi. Si je devais continuer aujourd'hui, je n'aurais plus de vie. Je l'ai précisé sur mon compte, en indiquant que je fais au mieux pour lire tous les messages. Ce n'est pas toujours instantané et parfois je me laisse déborder. Je reçois plusieurs centaines de messages au quotidien. Eh bien, les réactions sont partagées.

Certains abonnés sautent de joie quand je réponds, d'autres s'agacent de mon silence. Généralement, je laisse un petit cœur pour montrer que j'ai lu. Je ne le fais pas pour tout le monde. Quand on m'écrit : « Comment ça va ? », je ne réagis pas. Parfois, on m'expose aussi des situations pour lesquelles je suis obligé de fixer des limites : « Je ne suis pas thérapeute, ce n'est pas mon rôle, je n'ai pas les compétences pour intervenir. » Ces gens-là ne comprennent pas. Je vois passer des commentaires désobligeants ; ils pensent que j'ai pris la grosse tête.

Je n'y fais plus attention. Instagram est comme un paysage. Même dans le plus magnifique des panoramas, s'il y a un seul déchet qui traîne par terre, tu ne verras que lui. Tu ne pourras pas en faire abstraction. Ton esprit sera focalisé sur ce truc moche et sale. Alors au lieu de te lamenter à cause de ce déchet, tu le prends, tu le jettes à la poubelle et tu n'en parles plus ; tu peux à nouveau profiter du joli paysage. C'est une métaphore réaliste. Tant que tu prêtes attention aux messages qui disent que tu fais « de la merde », tu ne vois pas tous les autres qui te rassurent et t'encouragent. J'ai arrêté de me torturer et de me remettre en question pour une personne qui m'incendie quand cinquante autres me complimentent.

Par ailleurs, il y a deux choses que je ne peux plus faire. Je suis le premier à en être ennuyé. La première, ce sont les cagnottes en lignes. Je reçois une dizaine de sollicitations par jour pour relayer de telles demandes, pour s'acheter des médicaments pas pris en charge, payer la sépulture d'un proche, se procurer du matériel pour handicapé… J'aimerais tellement faire plaisir à tout le monde. Malheureusement, je ne peux pas. Et mes abonnés ne sont pas des vaches à lait. Si je le fais, le lendemain, j'en ai vingt supplémentaires. La deuxième, c'est répondre aux étudiants (infirmiers, ergothérapeutes) pour leurs mémoires. Ça prend généralement beaucoup de temps. Ce n'est plus possible. Je les adresse à d'autres personnes susceptibles de répondre à leurs interrogations sur la résilience, les blessés médullaires, ou encore un objet révolutionnaire pour les handicapés.

La médaille et son revers

Je n'ai pas cherché les partenariats ou fait des démarches particulières. Presque sans que je m'en rende compte, les choses se sont accélérées : interviews, médias, internet… Tout en découvrant les codes des réseaux (alimenter très souvent, privilégier les partages de comptes…), j'enchaîne les plateaux : *Le Mag de la santé* sur la 5, *La maison des parents, Brut, Oh My Mag, Huffington Post*. J'échange un jour sur les réseaux avec une casteuse qui recrute des personnes en situation de handicap. Elle me propose une chronique dans *Touche pas à mon poste*. À l'issue de cette première émission, pendant laquelle je fais des blagues sur le handicap, Benjamin Castaldi me dit : « J'ai vraiment envie que tu reviennes. » J'y suis retourné cinq fois. J'ai rencontré des gens formidables, même si le milieu de la télévision est spécial. Et j'aimerais mettre en avant ceux qui sont dans l'ombre, au maquillage, à la régie… Ce sont des personnes adorables.

J'obtiens la certification, le logo qui reconnaît les comptes officiels. Pour les jeunes, le Graal. La pastille bleue indique que tu es une star. Il faut garder la tête froide. Des marques me contactent et me proposent des partenariats. Je ne sais pas quoi faire, je ne suis pas un négociateur. Je crée finalement mon auto entreprise, Roro le Costaud. Je ne fais que des choses auxquelles je crois. Je n'irai pas vendre mon âme au diable. Au bout d'un moment, débordé par les demandes, je décide de m'inscrire dans une agence de talents. Toute cette partie « tractations » m'agace, je ne suis pas à l'aise, ce n'est pas mon job, je préfère déléguer.

Paralysé, ça vous parle ?

J'ai reçu il y a quelque temps une proposition de partenariat : il s'agissait de vanter les qualités d'une paire de chaussures possédant un amorti incroyable !

Il m'arrive de faire des conférences dans les écoles, dans les entreprises,

dans les écoles de commerce. Faire ce que je fais sur les réseaux en face de vraies personnes et pas devant mon téléphone est passionnant.
Avoir un papa sur Instagram, pour Luna, c'est recevoir des cadeaux en permanence, parfois sans contrepartie. Je n'ai pas envie qu'elle se dise : « Oh ! trop bien, les réseaux ! On nous donne tout. » Par exemple, j'ai reçu une boîte de LEGO. Je ne m'y attendais pas. Eh bien, je l'ai cachée jusqu'à son anniversaire. Pas question qu'elle s'imagine que ça tombe du ciel, qu'elle soit pourrie gâtée. Les réseaux donnent un sentiment de facilité. Ma visibilité m'octroie des privilèges. Je ne veux pas qu'elle se dise qu'on peut vivre de ça. Je ne lui souhaite surtout pas. C'est tellement éphémère.
Quelques thèmes sont sensibles sur les réseaux. Leur évocation peut vexer certaines personnes. Beaucoup d'instagrameurs n'osent pas se positionner pour ne pas risquer de se mettre à dos une partie de leur public. Quand j'ai un cheval de bataille, j'aimerais parfois recevoir plus de soutien. On ne peut certes pas prendre fait et cause pour tout et tout le monde. Mais je sais aussi que je dérange quand je prends position. Ainsi, je m'oppose souvent à Sophie Cluzel, secrétaire d'État en charge des personnes handicapées. Il est peu probable que je sois un jour contacté par des membres du gouvernement, on n'y aime pas le conflit. Notre expérience du terrain est souvent en contradiction avec leurs décisions. Or, la confrontation des points de vue permettrait d'évoluer et de trouver des consensus. Que veulent les gouvernants ? Qu'on leur passe de la pommade ou qu'on fasse avancer vraiment les choses ? Moi, quoi qu'il en soit, je veux ma liberté de penser et pouvoir m'exprimer sur tous les sujets.
Le fait d'être « connu », n'a pas changé mon état d'esprit. J'ai l'impression d'être resté le même. Je suis fidèle aux gens que je fréquente en dehors des réseaux. Au départ, je ne partais pas dans l'optique de me faire des amis sur Instagram. J'avais mon cercle de proches. Via les réseaux et les événements auxquels je participe, je croise et recroise de belles personnes. Je ne ferais pas forcément appel à elles en cas de problème, mais des complicités se sont nouées, les échanges

sont riches et je passe avec elles des soirées aussi intenses que celles que je partage avec mes amis.
Le dernier réseau sur lequel j'évolue est YouTube. Je n'ai jamais été un très gros utilisateur. J'ai raté le coche. Pourtant, je suis de la génération qui a grandi avec. J'y suis arrivé pendant le confinement avec des vidéos plus longues et informatives. J'ai eu tout de suite un succès monstre. Mes premiers essais ne sont pas de très bonne qualité, j'ai de petits moyens. Mais je suis fier de ma première vidéo dans la voiture : « Un tétraplégique peut conduire, vrai ou faux ? » Elle se hisse en sixième place dans les tendances. Incroyable ! C'est encourageant. Je poursuis avec : « Les avantages du handicap. Comment ça se passe quand je fais une émission de télé. Comment ça se passe à Disneyland en fauteuil roulant. » Je m'éclate à tourner et à monter. C'est une activité très exigeante, un métier, impossible à gérer sérieusement en plus du reste. J'aimerais développer ma chaîne. Ce qui me fait rêver, c'est le chiffre de 100 000. YouTube t'envoie un trophée quand tu atteins ce nombre d'abonnés. J'en suis loin pour l'instant (30 000), je ne suis pas assez régulier pour avoir une audience stable. Ceux qui pensent que c'est facile ne connaissent pas l'envers du décor. J'ai plein de thèmes sous le coude. Mais je n'ai pas forcément le temps, ni l'acolyte cameraman à disposition…
Quand on me pose la question : « Est-ce que tu te vois arrêter ton boulot pour te consacrer aux réseaux ? », je réponds toujours la même chose : « Je pourrais, mais je ne veux surtout pas. Mon métier m'a trop apporté pour que je le laisse tomber du jour au lendemain. » Ça me manquerait trop, même s'il est possible que je lève prochainement un peu le pied, sans mauvais jeu de mots. D'ailleurs, si je réduis la voilure, ce n'est pas pour Instagram, mais pour m'occuper plus de ma fille. Parce que les mercredis, il faut les gérer. Alors oui, un 80 % ou 90 %, pourquoi pas ? Mais j'ai besoin de mon métier. Avec les réseaux, tout arrive du jour au lendemain et tout peut s'arrêter aussi brutalement. Même en fauteuil, je veux garder les pieds sur terre.

Mon premier réseau

Ma famille est mon premier réseau social. Pour le pire ou le meilleur, elle est toujours là. On partage les joies et les peines. Parfois, des fâcheries et des histoires de famille éloignent les gens. Moi, j'ai la chance d'appartenir à un clan soudé. On fait face ensemble à l'adversité.

Au début de ma rééducation, nous avons souffert de la distance qui nous séparait. Heureusement, ils ont vite été rassurés par la présence sur place de ma grande famille de substitution et, depuis mon retour, nos liens se sont encore resserrés. Ils me soutiennent dans tout ce que j'entreprends, y compris pendant la période de mon engagement dans le sport de haut niveau. Ils m'ont accompagné soirs et week-ends aux entraînements et aux compétitions, qu'il vente, qu'il pleuve ou qu'il neige. Même le dimanche, quand tout le monde regarde un film tranquillement et que je dis: « J'aimerais bien faire du vélo », personne ne rechigne (ou alors sur le ton de la plaisanterie… On ne s'épargne pas !). Ils répondent toujours présents ! Je les remercie en ayant le sourire et en les gâtant, pas forcément avec des cadeaux matériels, mais en leur ménageant douceurs et attention. J'éprouve le besoin de dispenser joie et bonne humeur à mes abonnés, mais les membres de ma famille passent avant tout.

Dès mon accident, j'ai eu envie qu'ils comprennent mon état d'esprit. Je n'ai pas eu besoin d'insister. Je ne me voyais pas faire moins bien que ma maman, une femme forte. Elle a traversé de nombreuses épreuves et elle a su à chaque fois se relever. Elle a eu six enfants et, à plus de

Les charmes de la langue française

Après un bon repas de famille le dimanche, ma maman avait pour habitude de dire: « Allez, on va se dégourdir les jambes ! » Maintenant elle dit plutôt: « Romain, tu veux faire un tour de vélo ? »

soixante ans, elle travaille toujours à fond avec une pêche incroyable. Mon beau-père et elle ont su créer une famille formidable à laquelle je suis fier d'appartenir. Une famille pas très tournée vers les « réseaux sociaux ». Ma mère a néanmoins découvert ce que je faisais et s'est prise au jeu des vidéos avec moi. On s'éclate, on a le même humour, c'est un réel plaisir de partager ces moments avec elle. Elle a un caractère exceptionnel. Elle a toujours été là pour moi, à six mois comme à trente-six ans. Le jour où la roue tournera, j'espère être là pour elle. Quand on va ensemble à des événements ou une émission de télévision, elle me pique la vedette. Ça me fait rire, je suis très content pour elle. Elle mérite de vivre de tels instants. Sans ma famille, je ne serais pas là où j'en suis aujourd'hui. Elle est sacrée. Je les aime très fort !

Je n'aurais jamais imaginé, avant de me retrouver le cul dans ce fauteuil roulant, à quel point la différence est enrichissante ! Combien les difficultés rencontrées me donnent encore plus envie de me dépasser !
Soyons, les uns pour les autres, une source inépuisable d'inspiration.
Nos différences ne doivent pas nous exclure, elles doivent nous rassembler. Beaucoup d'autres que moi essayent de faire passer exactement le même message.
Pour beaucoup, le handicap est une faiblesse, une fatalité, un poids. L'idée est encore bien ancrée qu'une personne dans cette situation est forcément malheureuse.
Nous, communicants en situation de handicap, sans forcer, juste en te montrant notre quotidien, nos défis, nos exploits, ou tout simplement en partageant notre philosophie de vie, nous avons à cœur de te faire comprendre que ce handicap est justement une force incroyable dans laquelle il faut puiser !
Ensemble, nous avons beaucoup à nous apporter. Accepte ce qui te caractérise, ce qui attire le regard chez toi, et fais-en une force : ta différence est belle, elle te rend unique !

Achevé d'imprimer par SEPEC,
en décembre 2021
N° d'imprimeur : 13564211075

Dépôt légal : janvier 2022

Imprimé en France

Mise en pages réalisée par
Jacques Motllo – 66470 – Sainte-Marie-la-Mer
120/2021

IMPRIM'VERT®

PEFC 10-31-1470 / Certifié PEFC / Ce produit est issu de forêts gérées durablement et de sources contrôlées. / pefc-france.org